BLACK
LADICEKS

Repros : Editions AGEP, Marseille, France.
Satz : A.M.C., Montrouge, France.
Druck : Editions AGEP, Marseille, France.
Binding : Poligrafico Piemontese PPM srl, Italie.
Layout : Annick GIRARD.
Schutzumschlag : Fritz Luedtke.

© 1986 international by Editions AGEP, Marseille, France/
les Editions du Jaguar, Paris, France.
© 1986 für die deutschsprachige Ausgabe by les Editions du Jaguar, Paris, France/
Schuler Verlagsgesellschaft mbH, Herrsching am Ammersee.
ISBN : 3-7796-5249-8.
All rights reserved.
Numéro d'impression : 4374.

UWE OMMER

BLACKS
LADIES

TEXTE UND VORWORT VON
LÉOPOLD SÉDAR SENGHOR

Es ist gewiß kein Zufall, wenn wiederum ein Mann aus dem Norden, der Deutsche Uwe Ommer, den ganzen herrlichen Zauber dunkler afrikanischer Schönheit entdeckt und in Bildern eingefangen hat. Deutsche Frauen, Journalistinnen und Filmautorinnen, wie Gisela Bonn, sind ihm dabei vorausgegangen.

Wenn ich, wie im folgenden nachzulesen, die schwarze Frau besungen habe, so vor allem wegen ihrer plastischen Schönheit, ihrer Form − ich unterstreiche bewußt den Singular! − und darüber hinaus ihrer Poesie im etymologischen Sinn des Wortes, nämlich als schöpferischer Inspiration, die unseren Körper und unser Herz beflügelt. Unser Herz, ja unsere Seele.

Die Griechen, Begründer der albo-europäischen Zivilisation, unter deren Ägide sich heute eine "Universal-Zivilisation" herausbildet, haben bekanntlich zu ihrer Zeit aus den Quellen der Zivilisation Ägyptens geschöpft, eines Landes, dessen Einwohner, wie Herodot, der "Vater der Geschichtsschreibung" besagt, "schwarze Haare und krauses Haar" besaßen. Ich denke an die schwarzen Götter der Griechen: Dionysos, den Gott lyrischen Lebens − Lyrik als von der Lyra begleiteten Gesanges − und Circe, die verlockend betörende Zauberin. Bereits in prähistorischen Zeiten und darüber hinaus galt im gesamten Mittelmeerraum Schwarz als eine geheiligte Farbe. Das bezeugen die Statuen von Muttergottheiten, in Afrika zum Beispiel, und der "Schwarze Stein" der Kaaba in Mekka.

Bis auf den heutigen Tag hat bei Europäern, jedoch auch Amerikanern, ja Asiaten, die schwarze Frau etwas von ihrer magischen Anziehungskraft beibehalten. Wie Paul Rivet, der Begründer des Pariser Völkerkundemuseums "Musée de l'Homme", zutreffend bemerkte, "führt die Begegnung zweier

Völker oftmals zu kämpferischen Auseinandersetzungen, letztlich jedoch immer zu einer Mischung der Rassen". Die Faszination, die von der schwarzen Schönheit ausgeht, ist mehr denn je ein Phänomen unserer Zeit. Wie groß war meine Überraschung, als ich im vergangenen Jahr bei einem Besuch in Brüssel feststellte, daß ein Modegeschäft ausschließlich auf schwarzen Schaufensterpuppen dekoriert hatte.

Die Mode der schwarzhäutigen Mannequins und Fotomodelle ist symptomatisch für eine neue Ästhetik, die paradoxerweise eine Symbiose aus Nord und Süd, um nicht zu sagen aus den Vereinigten Staaten von Amerika und Afrika, darstellt. Hier wie dort, um ein Beispiel anzuführen, liegt die Durchschnittsgröße bei 1,76 Metern.
Voranstellend möchte ich genauer definieren, um welches Afrika und um welche schwarze Frau es hier geht. Im Gegensatz zu allem, was allgemein gesagt, geglaubt, geschrieben wird, besteht ein Rassengegensatz nicht zwischen dem arabisch-berberischen und dem schwarzen Afrika, sondern zwischen den hochgewachsenen Afrikanern, die man vom Mittelmeer bis zum Tropenwald antrifft, und den kleinwüchsigen Afrikanern, die diesen tropischen Urwald bis zum Kap der Guten Hoffnung bewohnen. Letztere sind in der Hauptsache Pygmäen, Hottentotten und noch Khoisaniden.
Richtiger gesagt, "waren" sie es. Es haben nämlich nicht nur die Nordafrikaner, insbesonders die Maghrebiner sich stark mit Semiten und hellhäutigen Europäern vermischt, andererseits sind auch die hochwüchsigen Neger, wie unter anderem die Bantus, seit mehreren Jahrhunderten etappenweise aus dem Osten des Kontinents zum Süden abgewandert. Manche Stämme haben ihren Weg über die östlichen Hochplateaus genommen, andere sind durch die Urwaldgebiete gezogen, wo sie einen Teil der Khoisaniden massakrierten und sich mit den Überlebenden vermischten.

Die schwarze Frau, wie man sie auf den Bildern dieses Bandes bewundert, stammt aus der Sudan- und Sahelzone. Die charakteristischsten und zugleich schönsten Frauentypen findet man, von Westen nach Osten, im Senegal, in Mali, Niger, Sudan und Somalia. Um sie ethnisch genauer zu definieren, würde ich vor allem die Frauen der Peulen, Malinkes, Massais und Tuaregs herausgreifen. Einst waren ihre Männer gefürchtete Krieger, dabei sehr geschickt, heute durchziehen sie als immer noch nicht so ganz friedfertige Hirten mit ihren Herden die Gras- und Strauchsavannen.

Bei diesen Ethnien trifft man die schönsten Frauen an, sowohl von Wuchs und Gestalt, wie von Haltung, Bewegung und Ausdruck der Gesten her. Bis zum Lächeln zeugt alles bei ihnen von Anmut und Adel. Dies ist keine Frage der Kaste, der Klasse, sondern vielmehr der Kultur, das heißt der Geisteshaltung oder noch besser der Seele der sudanisch-sahelischen Zivilisation. Die Europäer, unter ihnen die Franzosen, welche als Kenner gelten, an erster Stelle, stimmen darin überein. Als Zeuge sei ein Freund aus der Normandie angeführt, der in seiner Jugend ein Bewunderer blonder, blauäugiger Frauen war. Als er uns in Dakar besuchte, durchstreifte er mit Begeisterung lange Stunden allein die senegalesische Hauptstadt. Bis er mir eines Tages gestand: "Ich werde es nicht müde, die Senegalesinnen zu bewundern, wie sie auf der Straße schreiten, über den Markt bummeln, alles so malerisch, wenn sie hier und dort stehen bleiben, zu handeln, zu schwätzen. Sie sind großgewachsen und immer schön. Wie schön sie doch sind, rank, feingliedrig, geschmeidig, mit ihrem offenen strahlenden Lächeln, in das eine Spur von Schalk hineinspielt. Alles an ihnen atmet Anmut".

Er hatte das richtige Wort getroffen: « Anmut ». Doch wenn ich darüber nachdenke, ziehe ich « *Charme* » in seiner ursprünglichen

Bedeutung vor, dieses *nescio quid,* ein gewisses Etwas, das bezaubert und gefangen nimmt. Wie es einem französischen Geschäftsmann in Guinea-Conakry erging, den man niemals, nicht einmal in seinen Heimatferien in Europa, mit einer weißen Frau sah. Es stimmt, daß die Frauen Guineas, von den Peulen bis zu den Malinkes, die schönsten Frauen Westafrikas sind.

Wenn der Leser nur langsam dieses Fotoalbum durchblättert, sich bei jedem Bild die Zeit nimmt, seiner Sensibilität und vor allem seiner Vorstellungskraft freien Lauf zu lassen. Wenn er allein die nuancenreichen Farbtönungen der Haut im Licht beachtet, die natürliche Grazie der langen, schlanken Glieder, wird auch er eingenommen, bezaubert sein.
Fesseln wird ihn als erstes die Farbe der Haut. Schwarz ist sie, sagen uns die Europäer seit Herodot. Wobei die Griechen allerdings in bezug auf die Hautfarbe der Negro-Afrikaner bereits verschiedene Bezeichnungen kannten: die Mauren, Äthiopier, "Negriten" und "Negreten". So unterschieden sie diese "schwarze Haut" nach ihren verschiedenen, nuancenreichen Farbschattierungen, die vom Ebenholzschwarz bis zum hellrötlichen Mahagonibraun reichen. Die Eigenart dieser dunklen Haut, neben ihrer zugleich glatten wie samtigen Weichheit, ist, daß sie stets durch ihren öligen Glanz die Reflexe des Lichtes einfängt und in all seinen Nuancen widerspiegelt. Dieses Phänomen erklärt sich durch die Tatsache, daß die zwischen dem 10. und 20. nördlichen Breitengrad gelegene Sudan- und Sahelzone, einen Durchschnitt von 300 Sonnentagen pro Jahr aufweist. Des weiteren kommt dazu, daß es sich um eine fast baumlose, dürftig bewachsene Buschsavanne handelt. Gegen die herniederbrennende Sonne sekretiert die Haut eine ölige, schwarze Substanz, das Melanin, welches die Haut weich und geschmeidig macht und vor den ultravioletten Strahlungen schützt. Somit braucht die schwarze

Frau keine Schönheitscrèmes und Sonnenöle, da die tropische Natur sie bereits mit einer sanften, zarten Haut ausgestattet hat, wie geschaffen für Zärtlichkeiten und nächtliche Vertrautheiten.
Ein weiteres Charakteristikum ist die plastische Schönheit der schwarzen Frau, der Formen ihres Körpers, wie sie die Dichter der Negritude und lange vor ihnen Poeten, unter anderen Baudelaire, besungen haben. Ich erwähnte bereits, daß auf der geographischen Breite von Dakar und Kharthoum die Durchschnittsgröße der Bevölkerung 1,76 Meter betrifft. Es bleibt mir aus meiner Kindheit unter den Serern die Erinnerung an Gedichte, mit denen die jungen Mädchen, jede ihren Verlobten, als Athleten verherrlichen. So schrieb Marone Ndiaye, die Dichterin aus Joal:

Lang Sarr hat sich mit einem schwarzen Schurz umgürtet.
Ein junger Mann erhob sich, einem Filao gleich.

Der Filao ist eine Konifere der Tropen, schwarz und hochwüchsig wie eine Zypresse. Nachdem ihr "hochgeschossener schwarzer" Freund gesiegt hat, faßt das junge Mädchen alle stolze Freude in ein anderes Gedicht:

Schlafen werde ich nicht, über den Kampfplatz werde ich wachen:
Mein Tam-tam ist mit einer weißen Kette geschmückt.

Die athletischen Spiele und Wettkämpfe finden nämlich abends nach dem Essen bis Mitternacht statt. In diesem Gesang vergleicht das junge Mädchen sein Herz mit einem Tam-tam und seine Freude mit einer weißen Kette.
Was die schwarzen Körper der im Sudan und Sahel ansässigen Stämme auszeichnet, sind ihre Formen und Umrisse. Sie beschreiben keine runden, kugelförmigen Linien, sondern dehnen sich zu langgezogenen, ovalen Kurven, zeichnen die sanfte

Wölbung der Schultern, die durchgebogene Taille, den eleganten Schwung der Hüften, bis zu den Waden, nicht zu vergessen die Fußfesseln und Handgelenke.

Meine abschließenden Bemerkungen gelten Haltung und Gestik der schwarzen Frau. Sie vor allem hatten meinen normannischen Freund so stark beeindruckt und finden sich in den Bildern dieses Bandes festgehalten. Es sprechen aus ihnen Anmut und Adel zugleich. Die Haltung ist edel, jedoch ohne Spur der Überheblichkeit oder Feindseligkeit, voll der lächelnden Ruhe. Auch die Gesten sind nicht impulsiv, dabei lebendig, gelassen, ohne Posen einzunehmen, schnell, wenn es sein muß, doch nie fahrig, unharmonisch, immer sicher.

Die schwarze Frau ist natürlich die Mutter, Beschützerin des Heims, zärtlich, wachsam, fleißig. Sagt man nicht "schuften wie ein Neger"? Und dabei sind die Frauen bei uns noch aktiver! Darüber hinaus ist sie jedoch vor allem, wie man sie auch auf den Bildern dieses Bandes dargestellt findet, die Liebende und Geliebte: schön wie eine Statue, zärtlich wie eine Liebesnacht bei Mondschein. Es ist kein Zufall, wenn König Salomo in Anlehnung an ägyptische Liebesgesänge für seine schwarze Frau, Tochter eines Pharao, das berühmte *Hohelied der Liebe* schrieb. Er läßt sie darin singen:

"Ich bin schwarz und schön, Ihr Töchter Jerusalems, schrecklich wie ein zum Kampf gerüstetes Heer".

Im hebräischen, von Salomo geschriebenen Urtext, heißt es nicht "schwarz aber schön", sondern "schwarz *und* schön". Keine andere Wahrheit besingen die Dichter und Fotografen des XX. Jahrhunderts.

Léopold Sédar Senghor

*Ich bin braun, aber gar lieblich, ihr Töchter
Jerusalems, wie die Zelte Kedars, wie die
Teppiche Salomos.
Seht mich nicht an, daß ich so braun bin; denn
die Sonne hat mich so verbrannt.
Meiner Mutter Söhne zürnten mit mir.
Sie haben mich zur Hüterin
der Weinberge gesetzt; aber meinen eigenen
Weinberg habe ich nicht behütet.

Ich vergleiche dich, meine Freundin, einer Stute
an den Wagen des Pharao.
Deine Wangen sind lieblich mit den Kettchen und
dein Hals mit den Perlenschnüren.
Wir wollen dir goldene Kettchen machen mit
kleinen silbernen Kugeln.

Mein Freund antwortet und spricht zu mir: Steh
auf, meine Freundin, meine Schöne, und komm
her!
Denn siehe, der Winter ist vergangen, der Regen
ist vorbei und dahin.
Die Blumen sind aufgegangen im Lande, der
Lenz ist herbeigekommen, und die Turteltaube

*läßt sich hören in unserm Lande.
Der Feigenbaum hat Knoten gewonnen, und die
Reben duften mit ihren Blüten.
Steh auf, meine Freundin,
und komm, meine Schöne, komm her!
Meine Taube in den Felsklüften, im Versteck der
Felswand, zeige mir deine Gestalt, laß mich
hören deine Stimme; denn deine Stimme ist süß,
und deine Gestalt ist lieblich.*

16

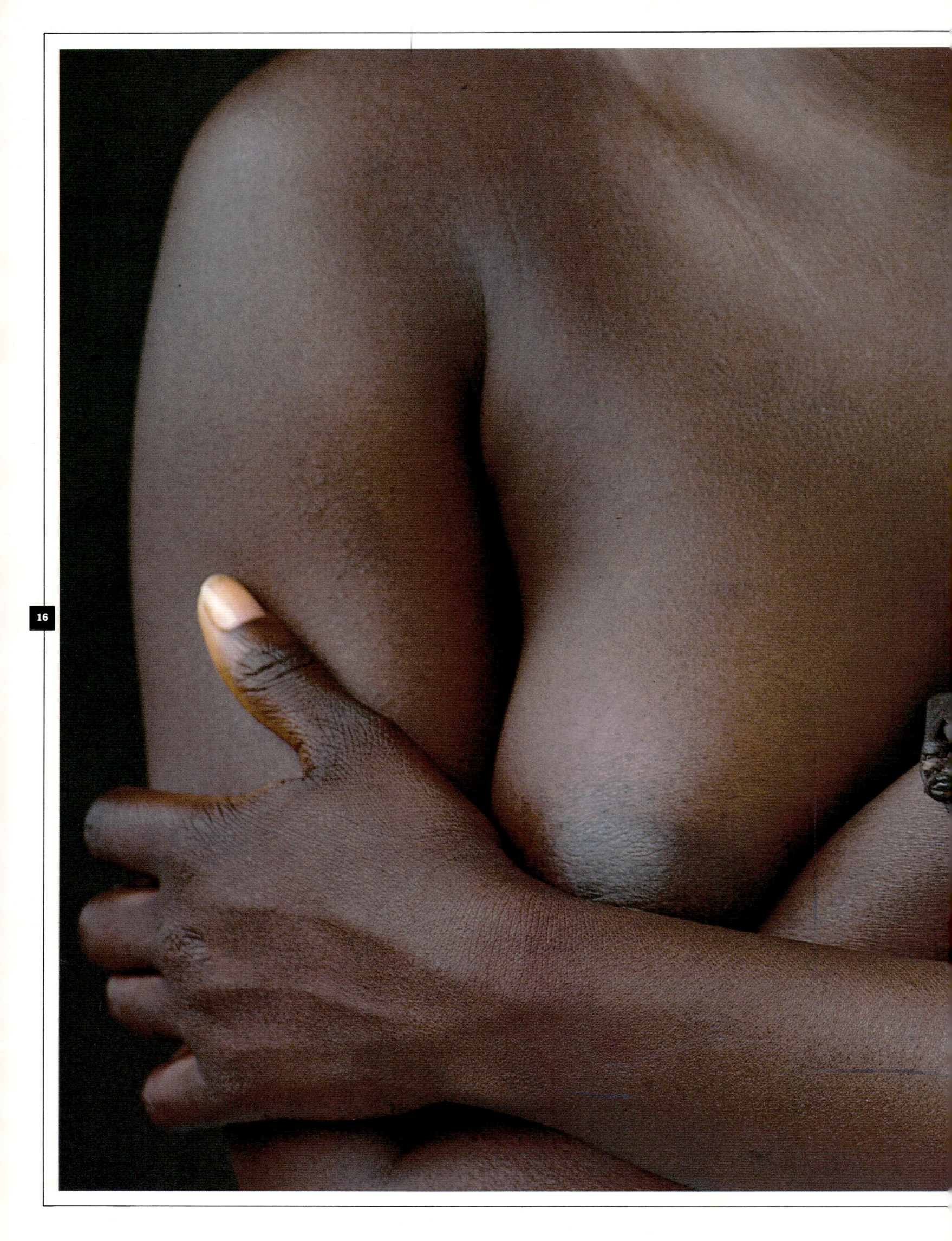

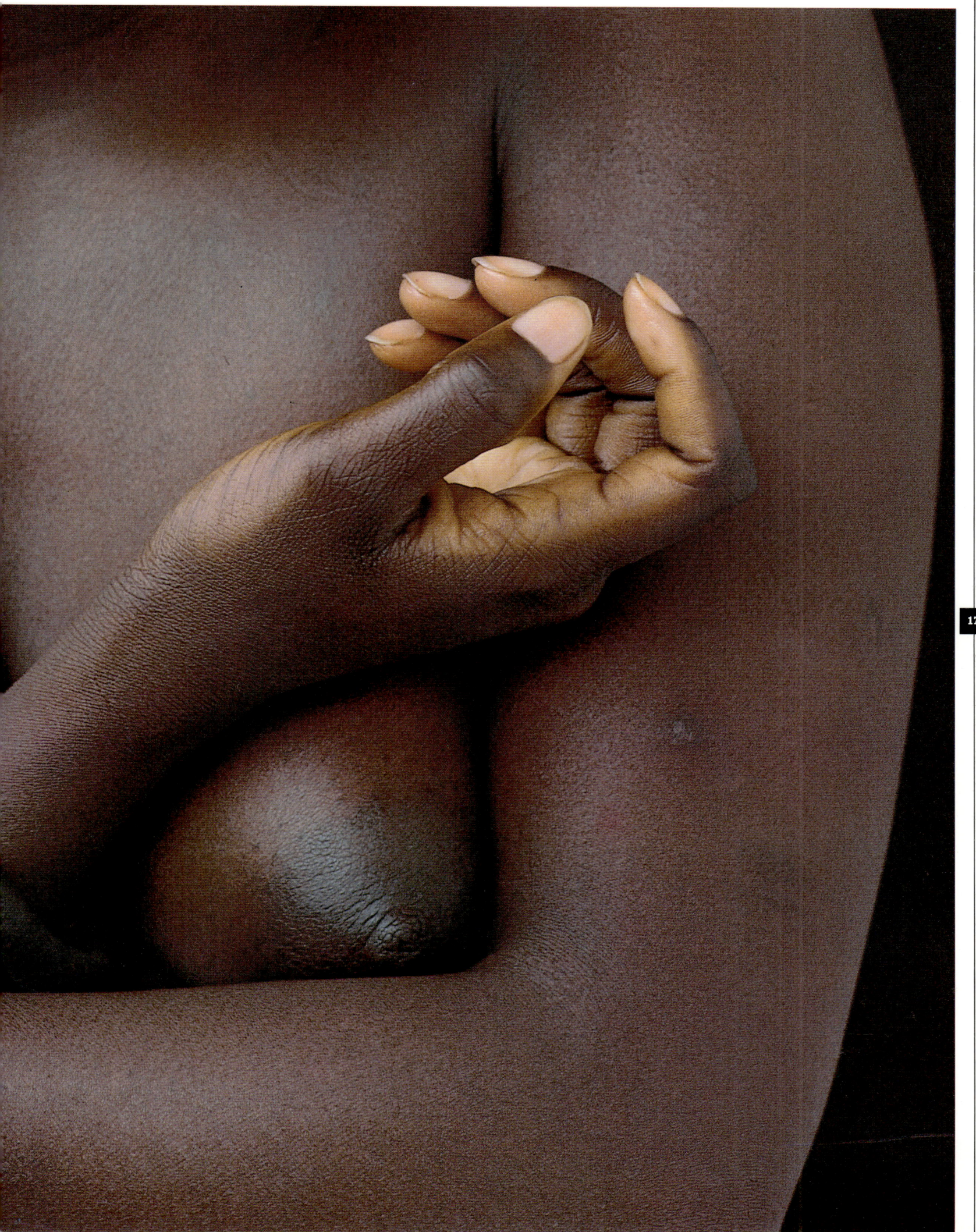

18

Eine Liebeserklärung! Mit keinem anderen Wort könnte ich das Gefühl beschreiben, das mich zu diesen Aufnahmen inspiriert hat. Ich war gewöhnt an Werbefotos in ihrer kühl distanzierten Perfektion und ahnte nicht, daß ich Schönheit eines Tages woanders finden würde als im Gesicht eines für "Schönheitsaufnahmen" makellos hergerichteten Mannequins.

Bis zu dem Tag, da ich an einem "paradiesischen Strand" mit "Traum-Mannequins" drei junge Mädchen beobachtete, die in der Nähe badeten. Nichts Außergewöhnliches, und dennoch...

Ihre Blicke voller Liebreiz und Verführung, die natürliche Anmut der Bewegungen, Glanz dunkler Haut, auf der sich das Licht spiegelt, sie haben mich seitdem nicht mehr losgelassen. Ich habe mich in sie verliebt.

Seit diesem Tag habe ich viele hundert Aufnahmen von Hunderten junger Mädchen, Frauen — schöner und weniger schöner — gemacht. Die meisten von ihnen hatten noch nie einem Fotografen Modell gestanden, doch sie hatten ausnahmslos das "gewisse Etwas", das ich nur selten bei einem berufsmäßigen Fotomodell entdecke.

Sie alle sind ebenso schön und begehrenswert wie die Idole, die sie beim Durchblättern der Modemagazine bewundern und insgeheim beneiden. Die Tatsache, daß es dieses Buch gibt, ist Beweis genug!

Uwe Ommer

*Nackte Frau, schwarze Frau
Gekleidet in deine Farbe die Leben,
in deine Form die Schönheit ist!
In deinem Schatten bin ich aufgewachsen,
deine sanften Hände verbanden mir die Augen.
Und da entdecke ich dich im Herzen
des Sommers, des Mittags, gelobtes Land,
hoch von der Höhe versengten Passes.
Und deine Schönheit trifft mich ins Herz
wie der Blitz eines Adlers.*

*Nackte Frau, dunkle Frau,
reife Frucht mit festem Fleisch, düstere Ekstasen
des schwarzen Weines,
Mund der meinen Mund zum Singen bringt,
Savanne mit klarer Ferne, Savanne du zitterst
im feurigen Kosen des Ostwinds,
Geschnitztes Tam-Tam, gespanntes Tam-Tam,
du tosest unter den Fingern des Siegers
und deine schwere Altstimme ist der Festgesang
der Geliebten.*

*Nackte Frau, dunkle Frau,
Öl das kein Lufthauch kräuselt, stilles Öl*

*auf athletischen Flanken,
den Flanken der Fürsten von Mali,
Gazelle mit himmlischen Fesseln, die Perlen
sind Sterne auf der Nacht deiner Haut,
Verzückte Spiele des Geistes sind die Reflexe
von rotem Gold auf dem Glanz deiner Haut.
Im Schatten deiner Haare erhellt
meine Angst sich, nah deinen Sonnenaugen.*

*Nackte Frau, schwarze Frau,
ich besinge deine vergängliche Schönheit,
hefte die Form ins Ewige,
ehe das eifersüchtige Schicksal
zu Asche dich macht
um die Wurzeln des Lebens zu nähren.*

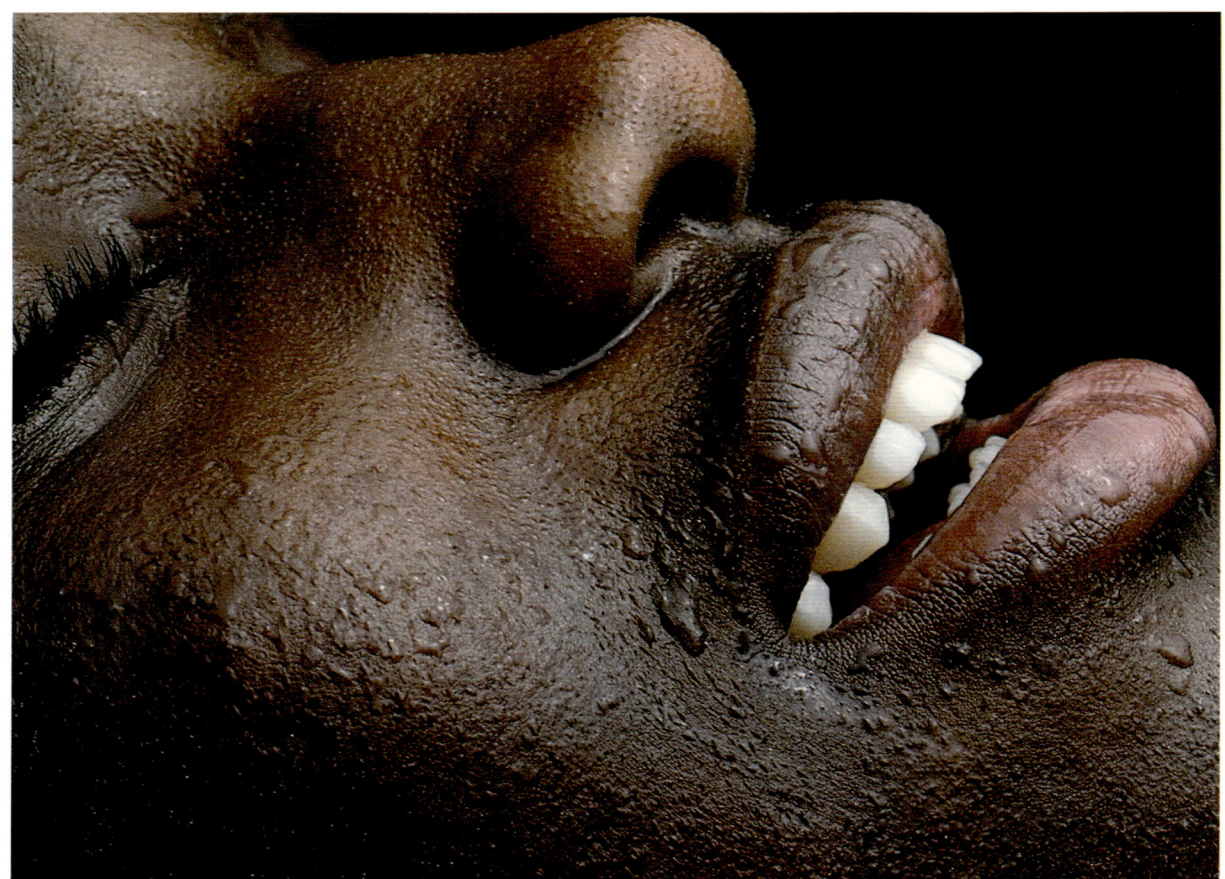

32

*Du hieltest lange lange zwischen
deinen Händen
das schwarze Gesicht des Kriegers, als erhellte
es schon ein tödlicher Abendschein.
Vom Hügel aus sah ich wie die Sonne in den
Buchten deiner Augen unterging.
Wann werd ich mein Land wiedersehn,
den reinen Horizont deines Gesichts?
Wann werde ich wieder am Tisch
deiner dunklen Brüste sitzen?
Das Nest des süßen Geplauders liegt
im Halbschatten.
Ich werde andere Himmel sehen und andere
Augen,
Ich werde aus Quellen anderer Lippen trinken
die frischer sind als Zitronen,
Ich werde unter den Dächern anderer Haare
schlafen, geschützt vor den Stürmen.
Doch jedes Jahr wenn der Ruhm des Frühlings
neu die Erinnerung entfacht.
Beklage ich neu meine Heimat und den Regen
deiner Augen
über dem Durst der Savannen.*

35

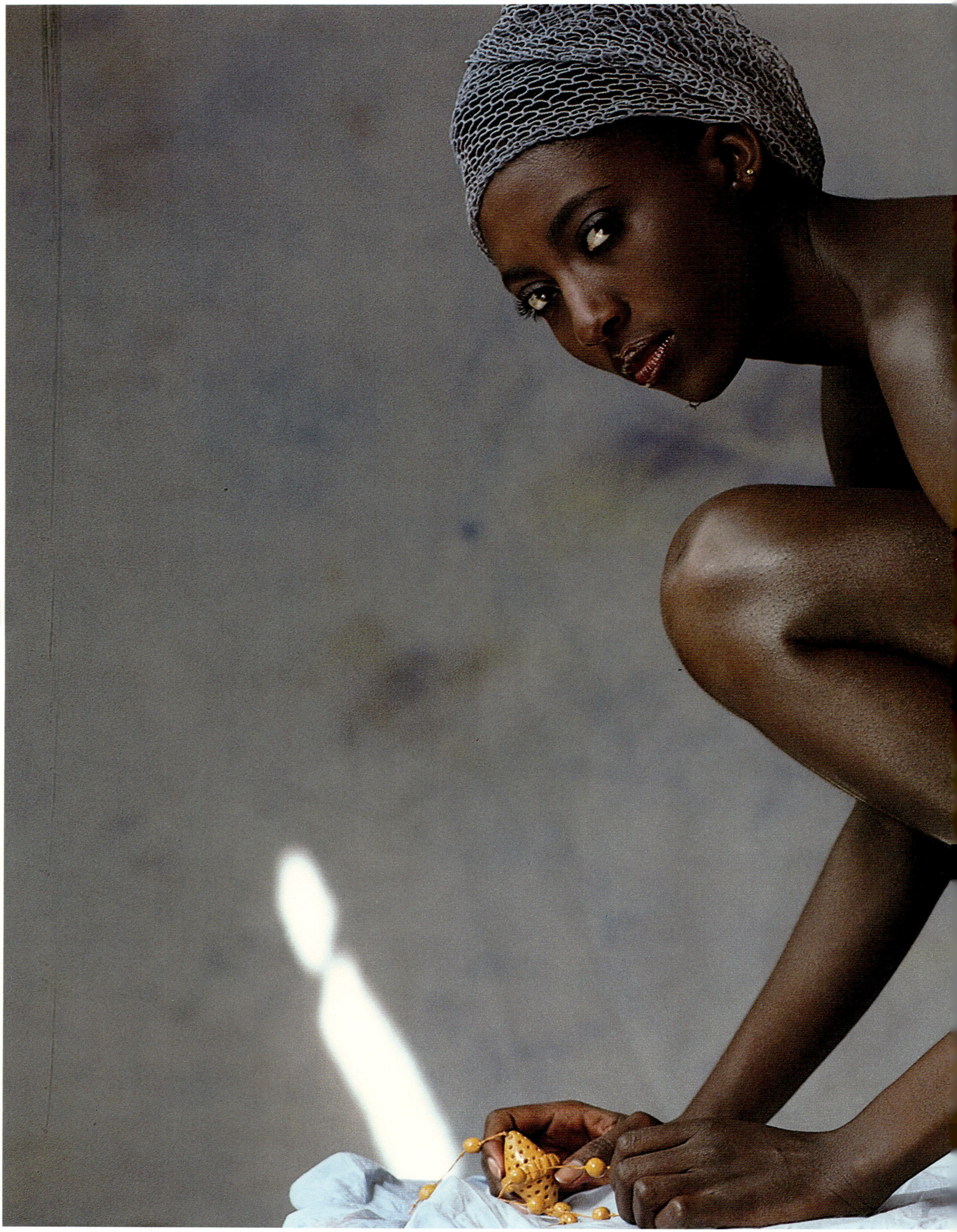

37

Der Frühling ließ Eisschollen treiben
auf all meinen losgebrochenen Bächen.
Bei der ersten Liebkosung über die zarte Rinde
stieg mein junger Saft auf.
Jetzt aber im Herzen des Juli bin ich blinder
als Winter am Pol.
Meine Flügel schlagen sich wund
an den Gitterstäben des niederen Himmels,
kein Strahl durchdringt dies dumpfe Gewölbe
meiner Verdrossenheit.
Welch Zeichen ist wiederzufinden?
Welche Schlagformel ist zu schlagen?
Und wie der Gott zu erreichen
mit den fernen Wurfspießen?
Königlicher Südsommer dort, zu spät, ja!
wirst du eintreffen im siechen September.
In welchem Buche sind deine Glut
und dein Gleißen zu finden?
Und auf welchen Seiten, welchen unmöglichen
Lippen deine rasende Liebe?
Mich ermattet mein Harren voll Ungeduld.
Wie monoton rauscht der Regen über die Blätter.
Spiel mir immer nur ,,Solitude'', Duke,
und ich weine mich in den Schlaf.

40

41

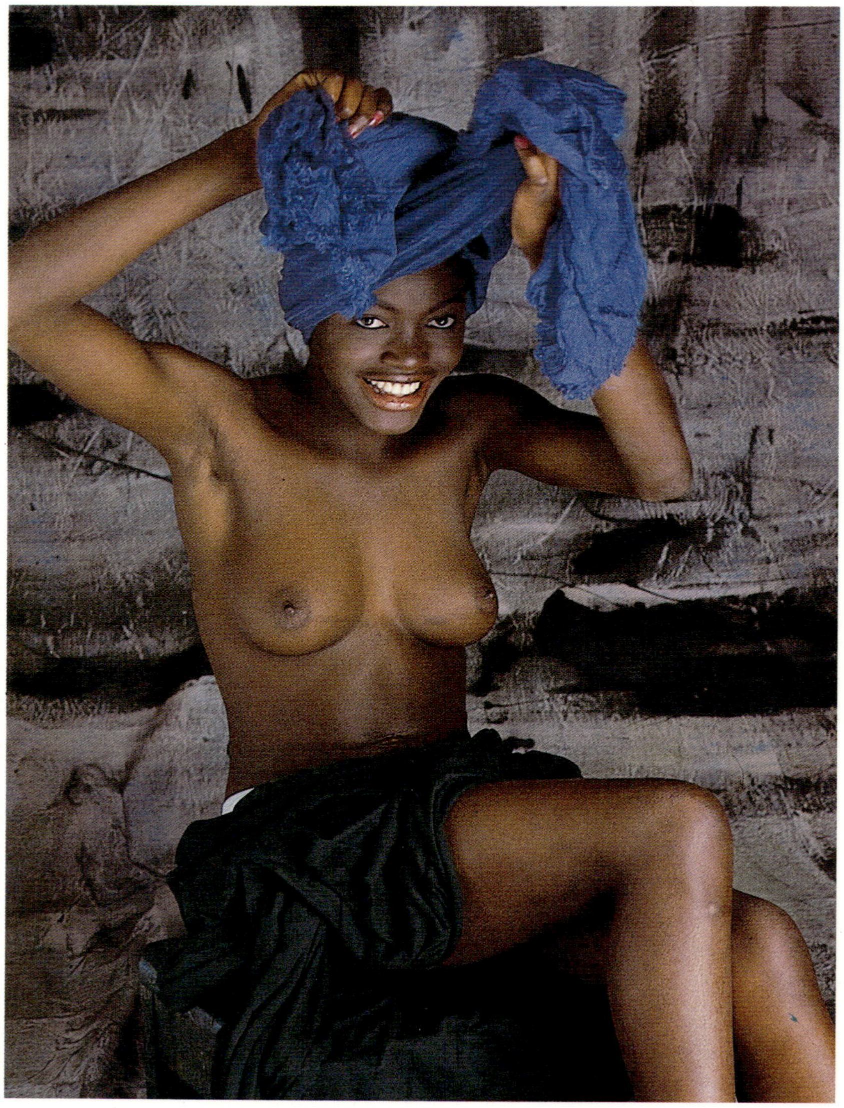

43

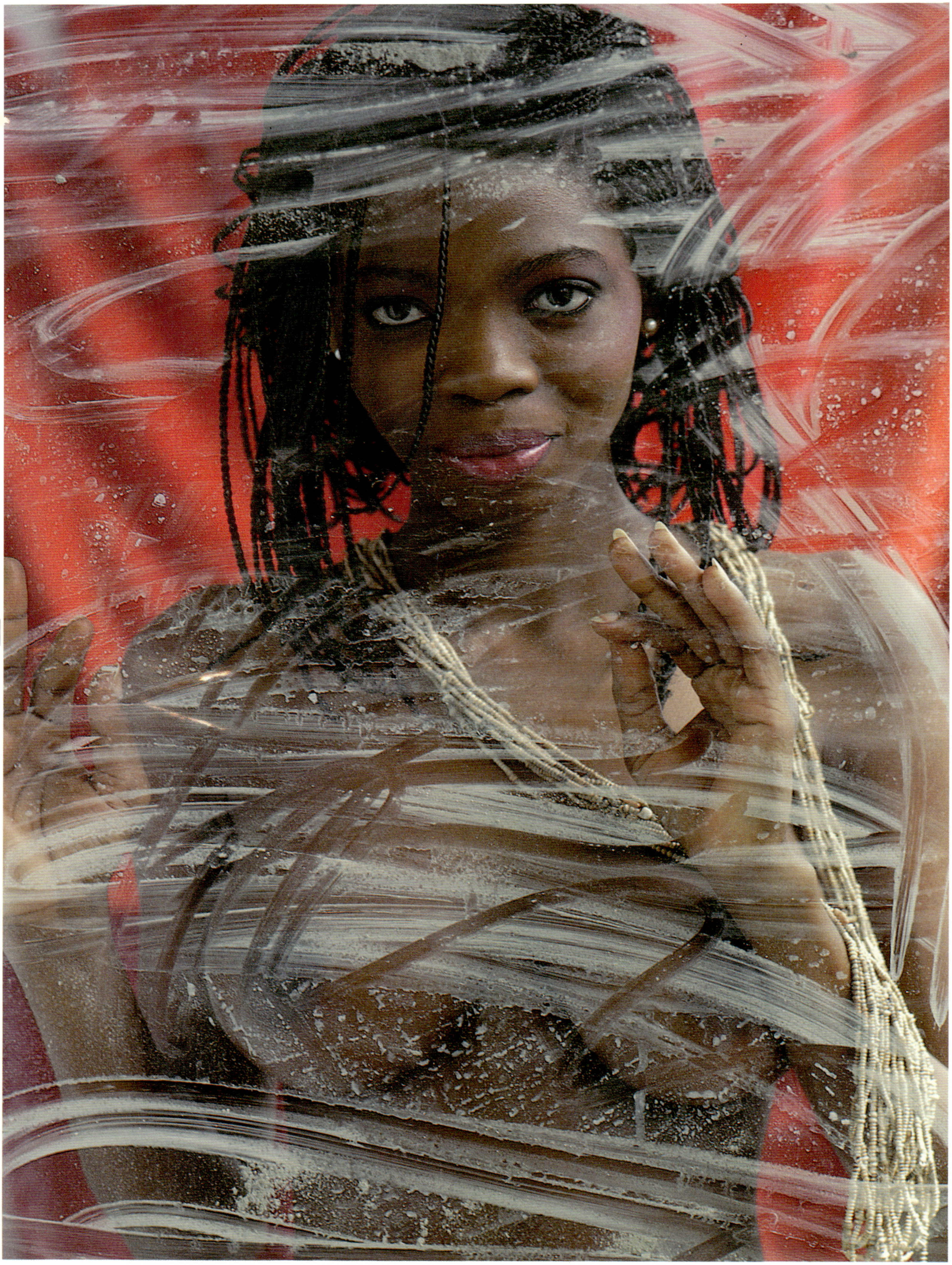

45

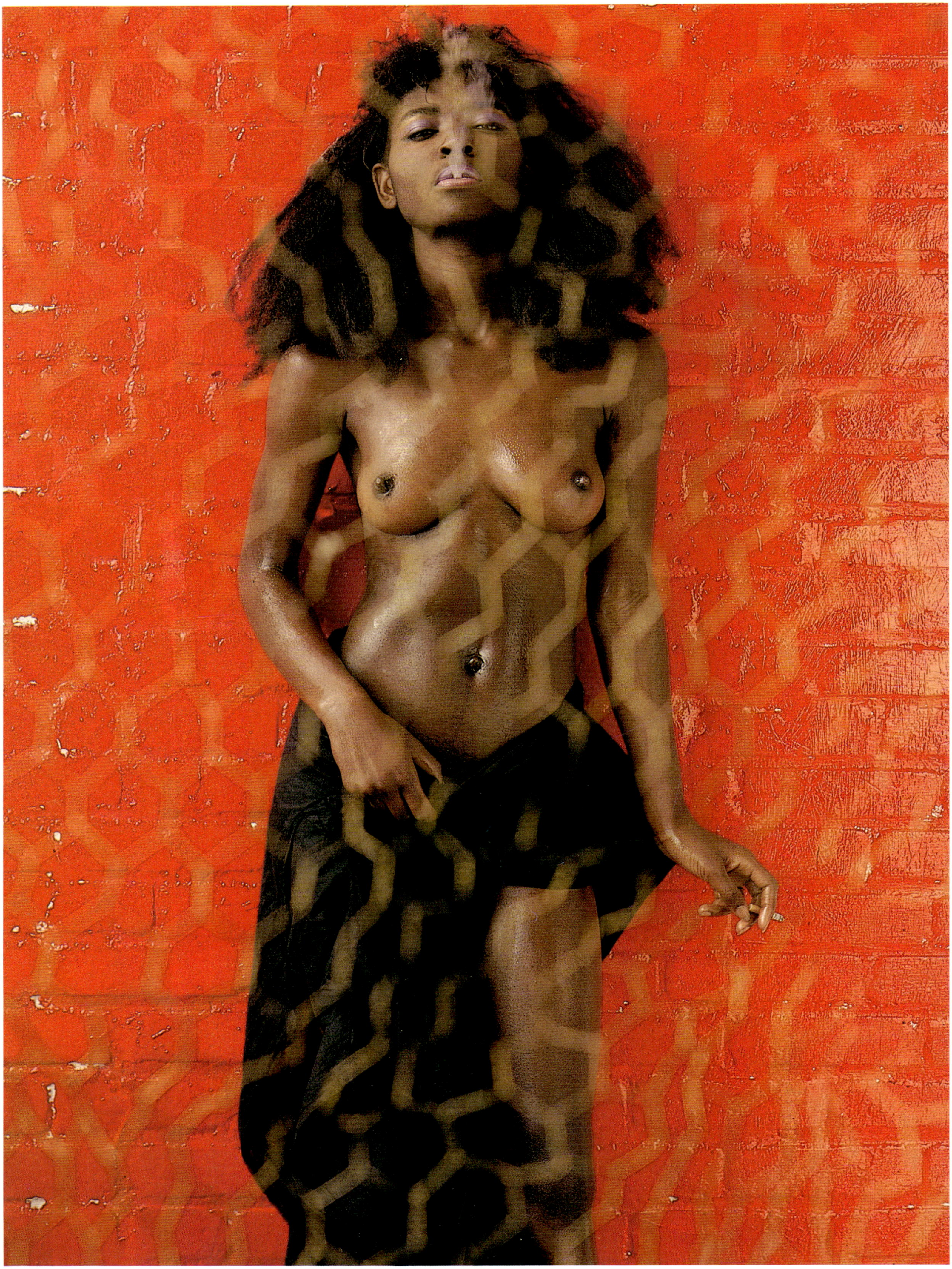

47

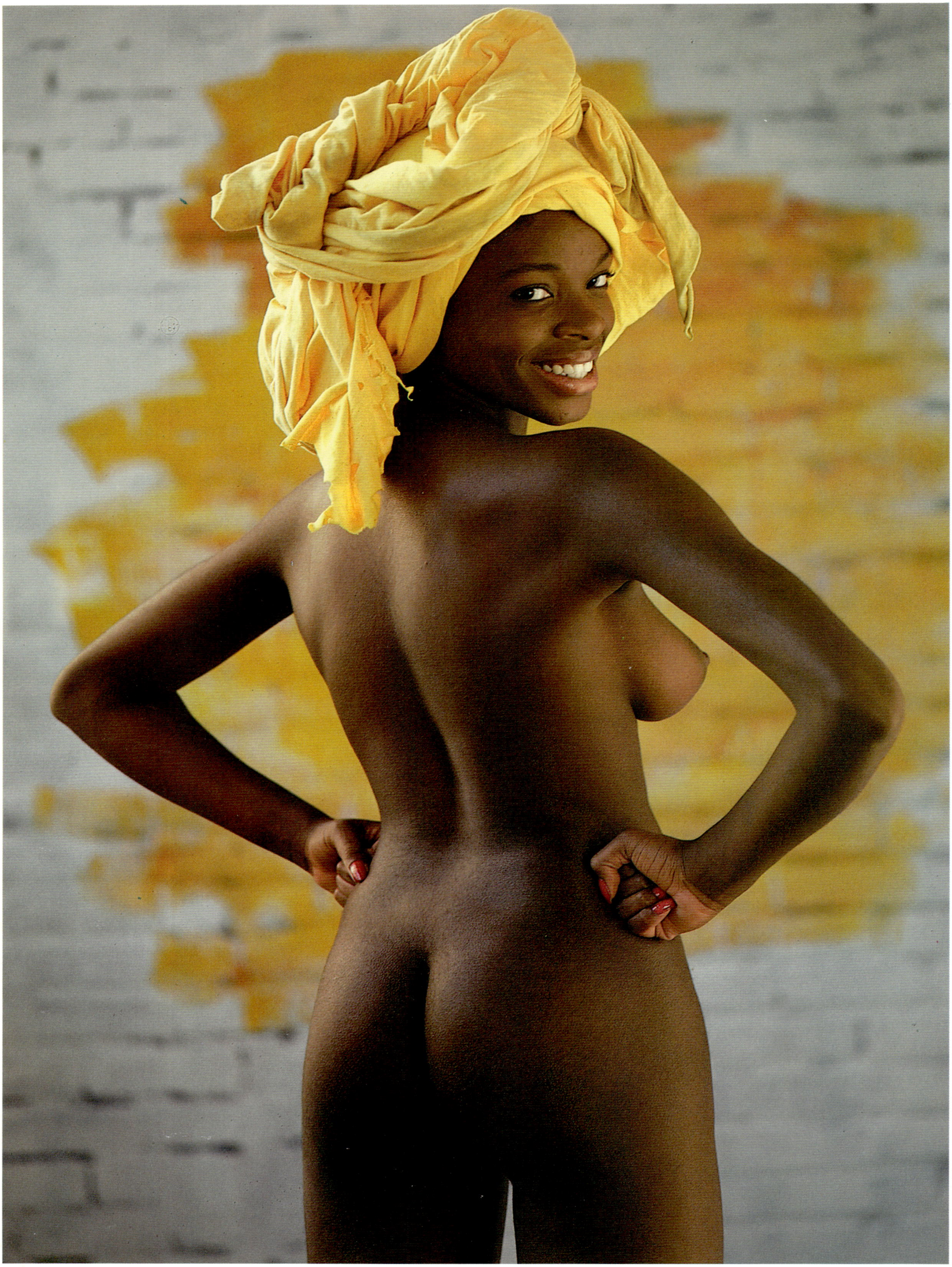

49

50

51

52

53

*Ich werde ankommen gegen Ende des Sommers.
Der Himmel deines Geistes, das Hochland
deiner Stattlichkeit, die blaue Nacht
deines Herzens
werden mir Feste sein am Ende der Einweihung.
Du bist mein Universum.
Der Regenbogen steht über dem Winter
wie deine Standarte.
Du öffnest mir die Gesichter meiner Brüder,
der Weißen,
denn dein Gesicht ist ein Meisterwerk,
dein Leib eine Landschaft.*

*Deine Augen aus grünem Golde
wechseln wie das Meer in der Sonne
Deine Ohren aus Goldschmiedearbeit,
deine Handgelenke aus feinem Kristall
Deine Seeadlernase, deine Hüften
des starken Weibes die meine Stütze sind
Und dein Gang wie ein Schiff auf der Flut dem
der Wind die Focksegel bläht...
Doch bewahre mich, Fürstin, vor dem Sturm
deiner Nüstern
die wie Robben trompeten,*

*und ich strauchle über die Felsen.
Ich werde vor dir den Tornadotanz tanzen.*

*Die Ungeduld treibt mich
mit ihren stählernen Sporen.
Ich muß, ach, dieses Füllenblut in mir wieder
kühlen.*

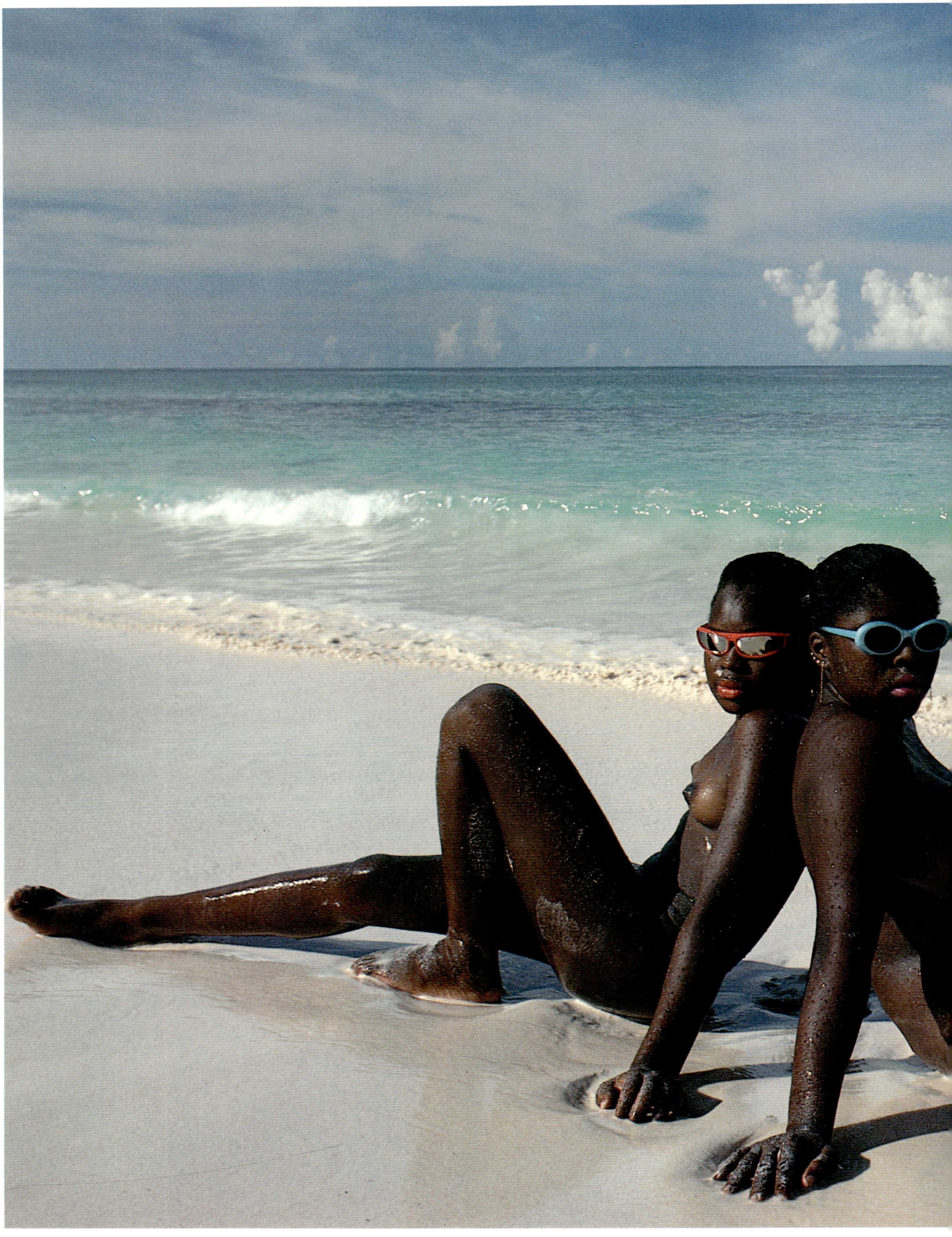

57

58

59

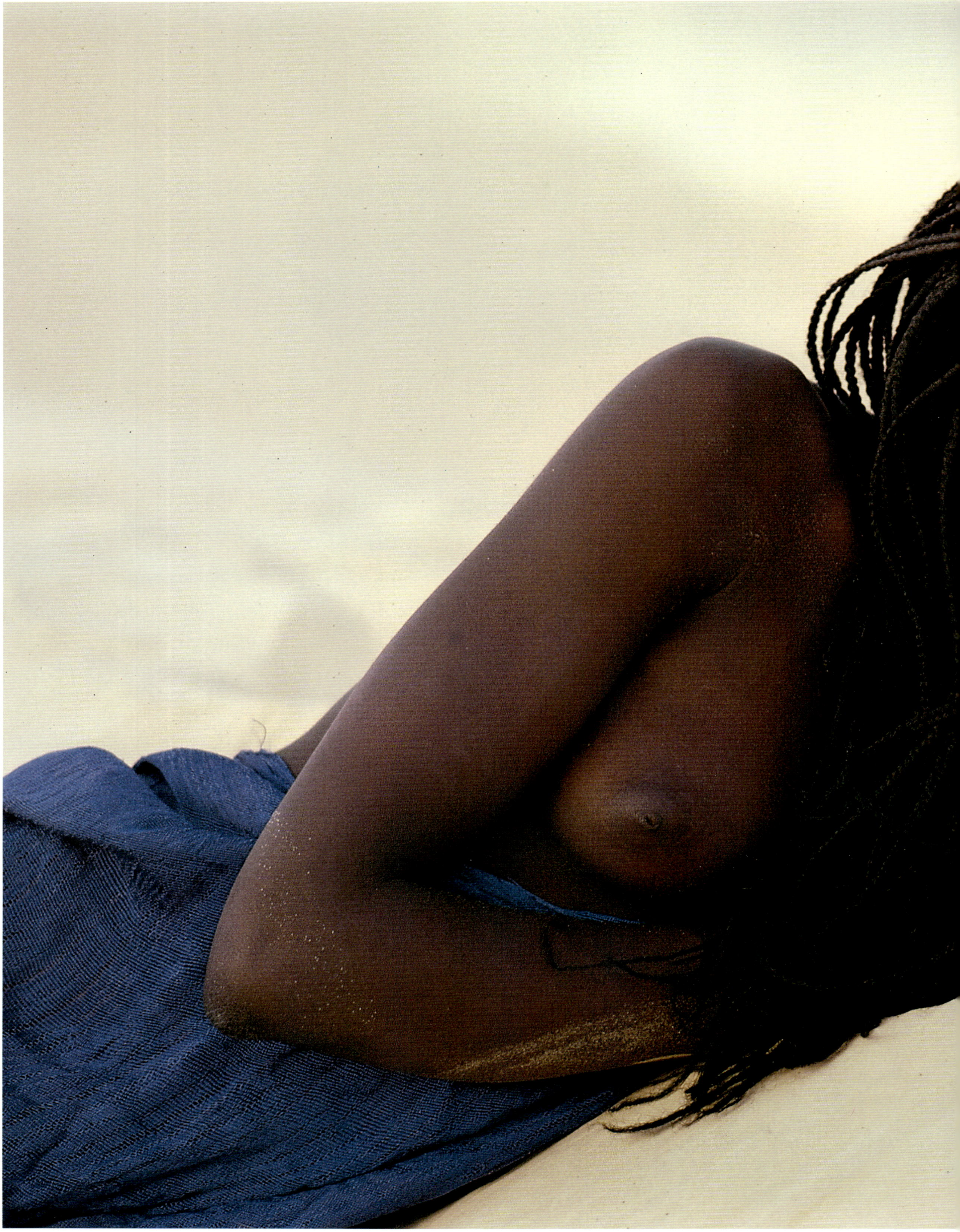

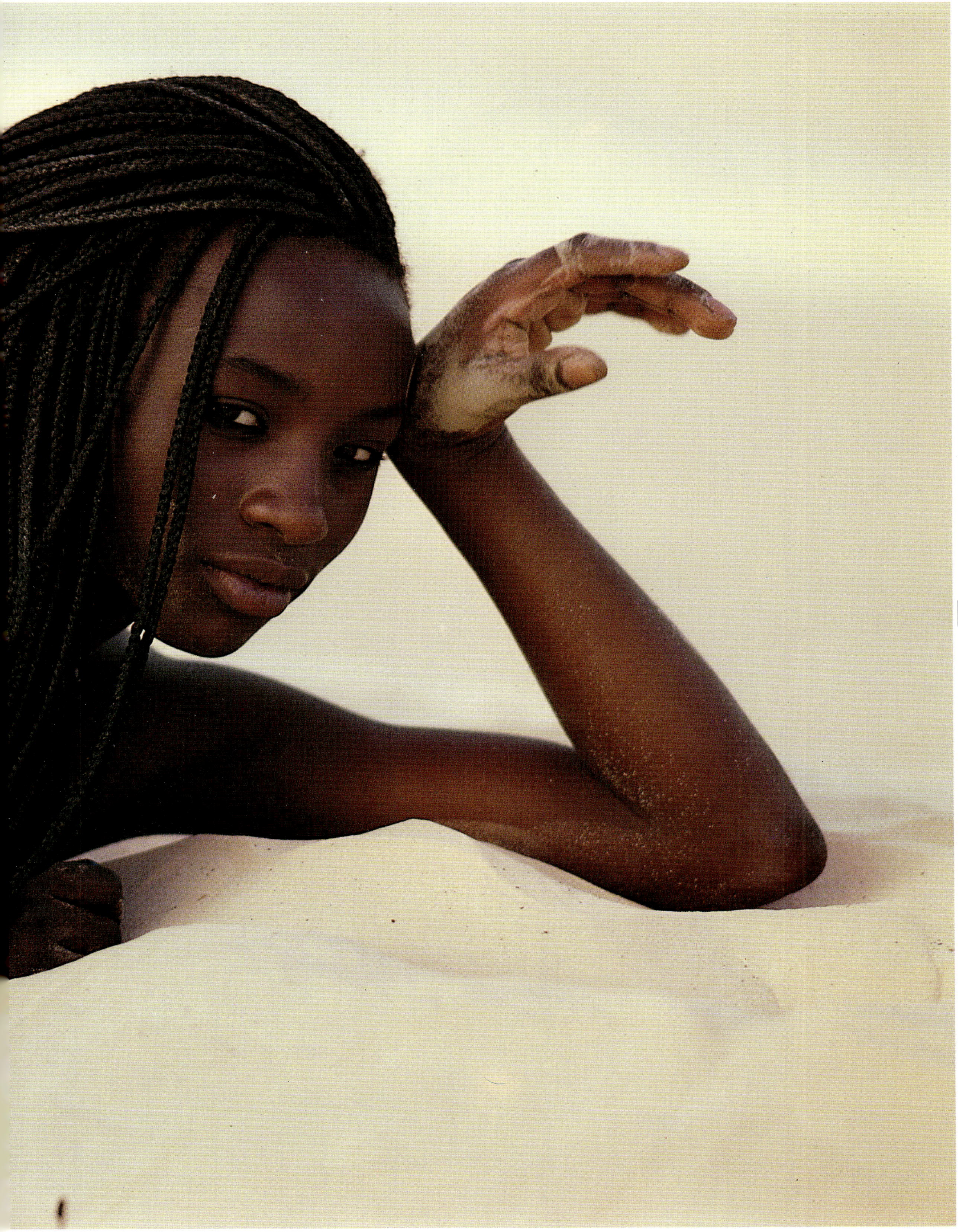

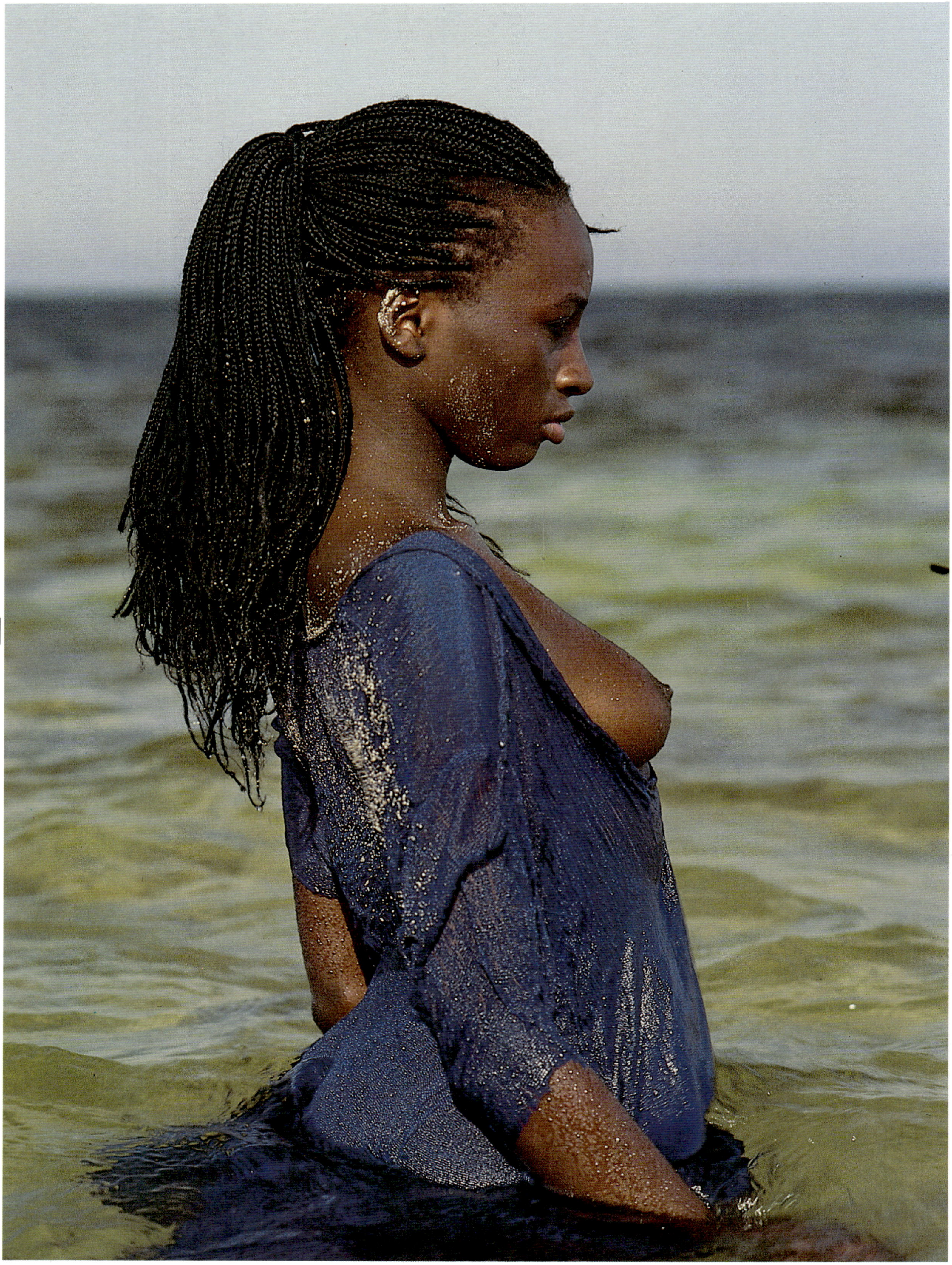

63

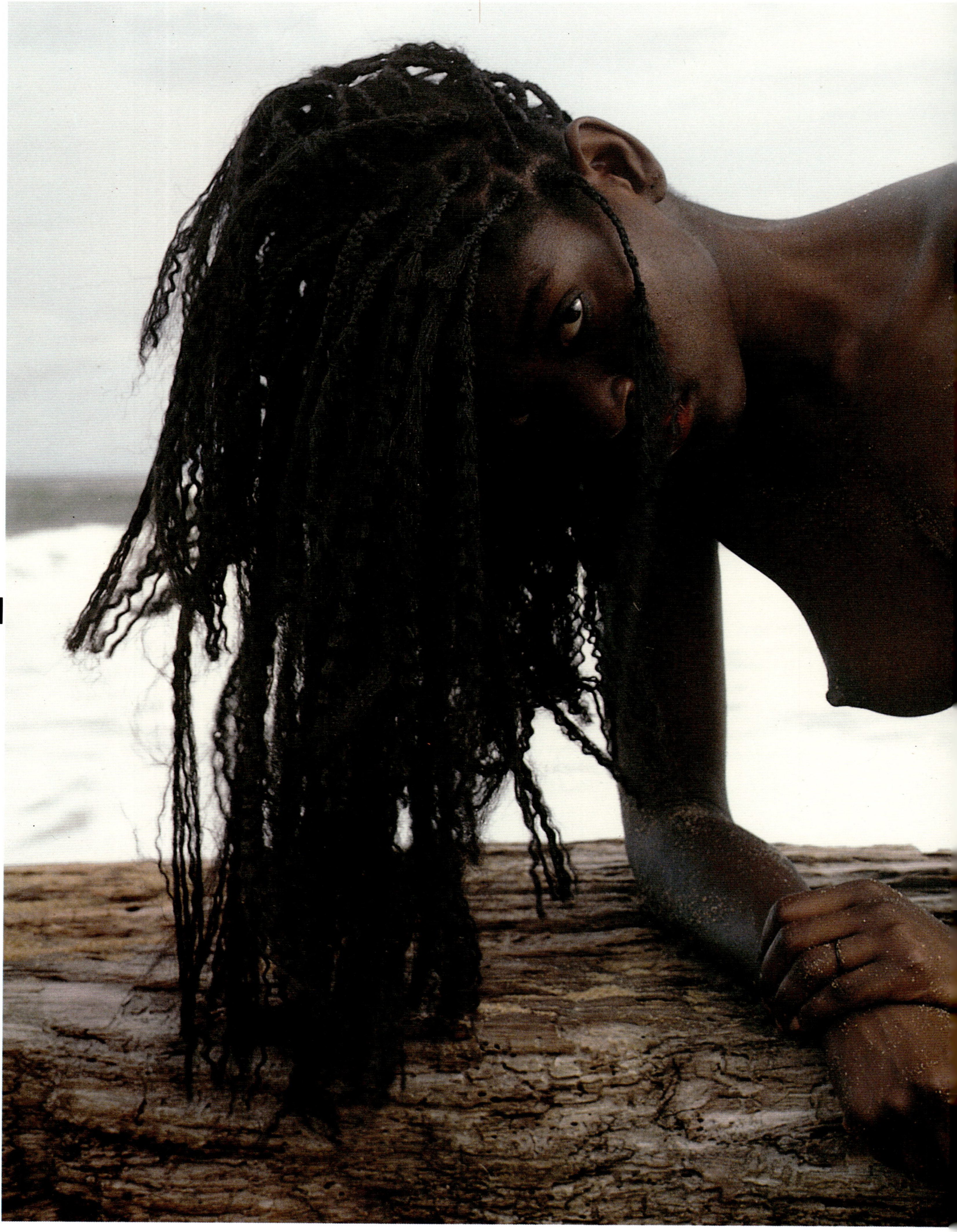

64

65

66

67

Gewaschen steigen die Lieder der Vögel
in den Frühhimmel
Steigt der grüne Grasduft — April!
Ich höre den Hauch der Frühe
die weißen Wolken der Vorhänge rühren
Ich höre das Lied der Sonne
auf meinen singenden Fensterläden
Ich spüre atemgleich die Erinnerung an Naëtt
meinen nackten Nacken erregen
Und mein mitschuldig Blut, ob ich will oder nicht,
flüstert schon wieder in meinen Adern.
Du bist es, Freundin!
O lausch dem schon warmen Hauch
des April eines anderen Erdteils
O lausche wenn bläulich schimmernd
die Flügel der Zugschwalben schwirren
Lausche dem weißen und schwarzen Rauschen
an den ausgebreiteten Segelspitzen der Störche
Lausche der Frühlingsbotschaft
anderer Zeit und anderen Erdteils
Lausche der Botschaft des fernen Afrika
und dem Sang deines Bluts
Denn ich höre den Saft des April
schon singen in deinen Adern.

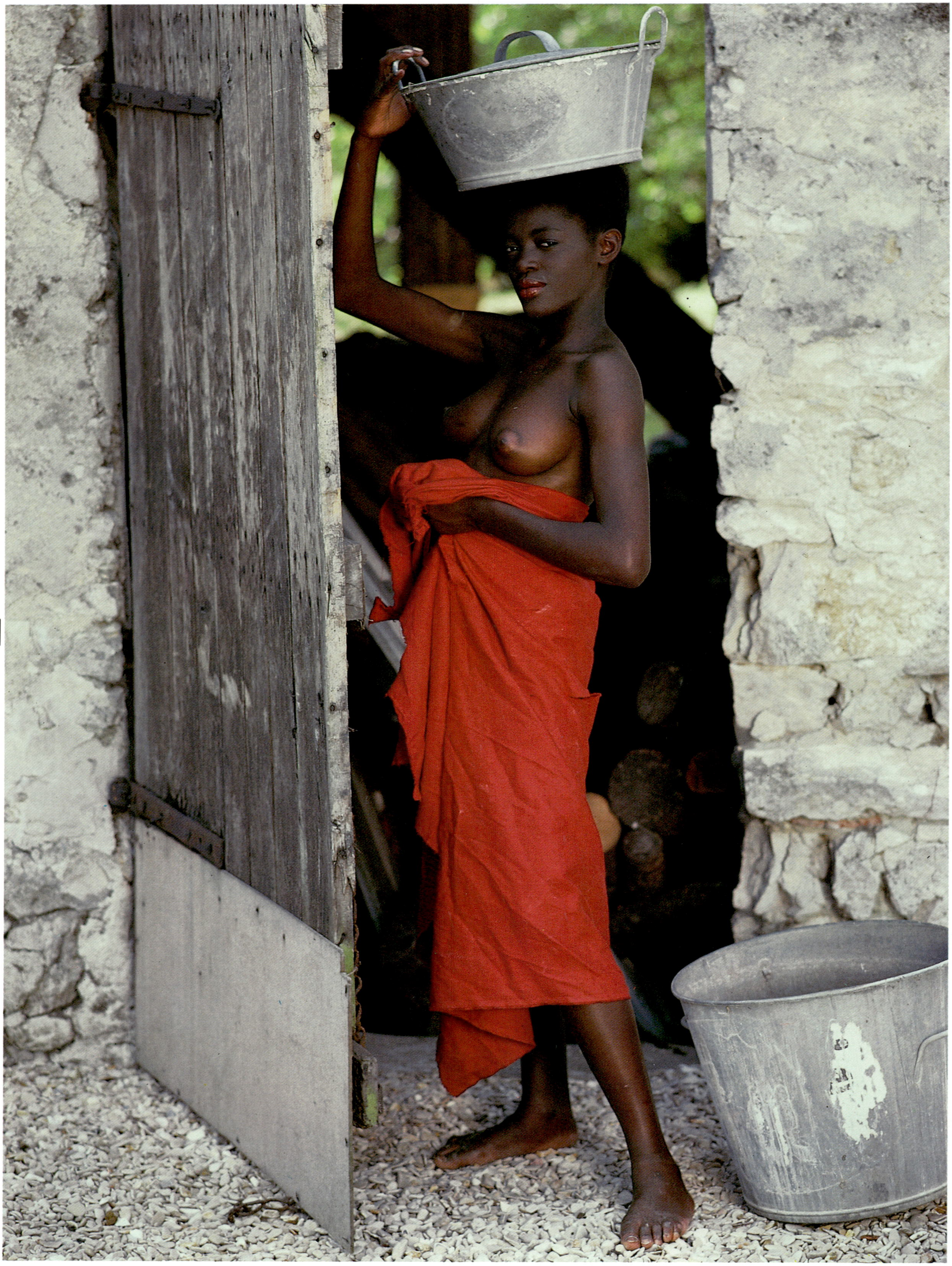

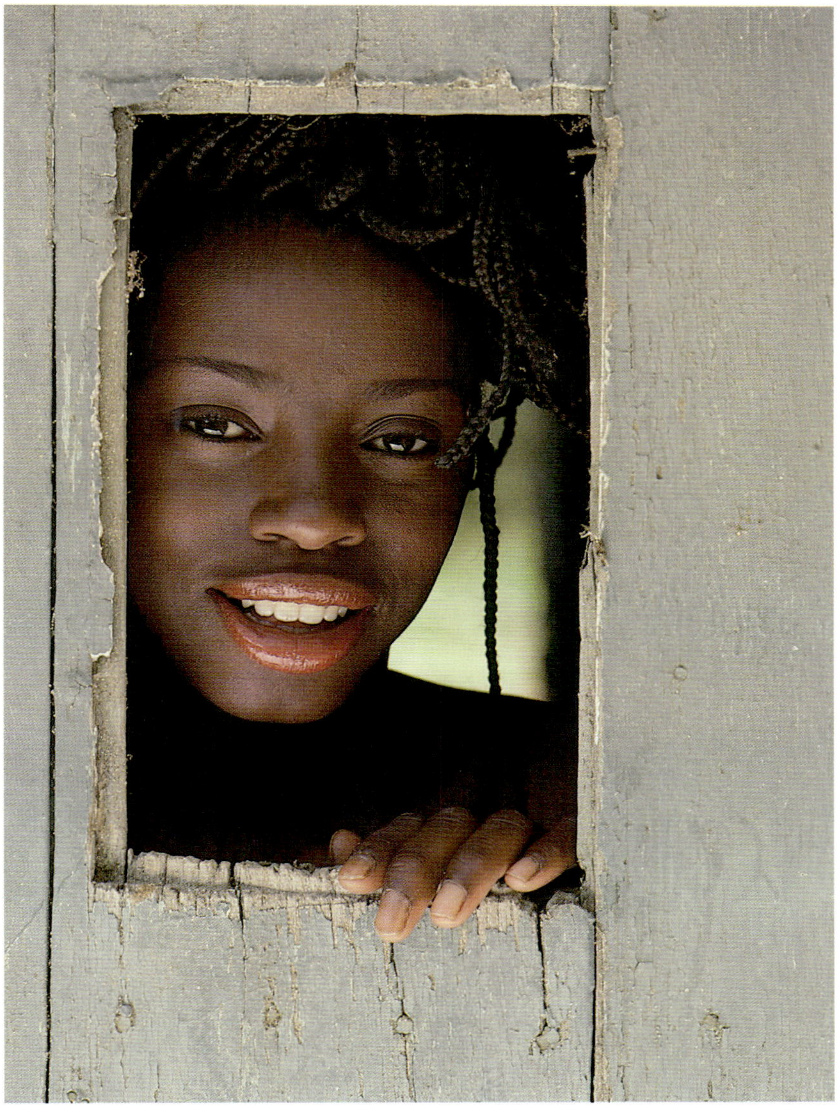

72

73

74

75

76

77

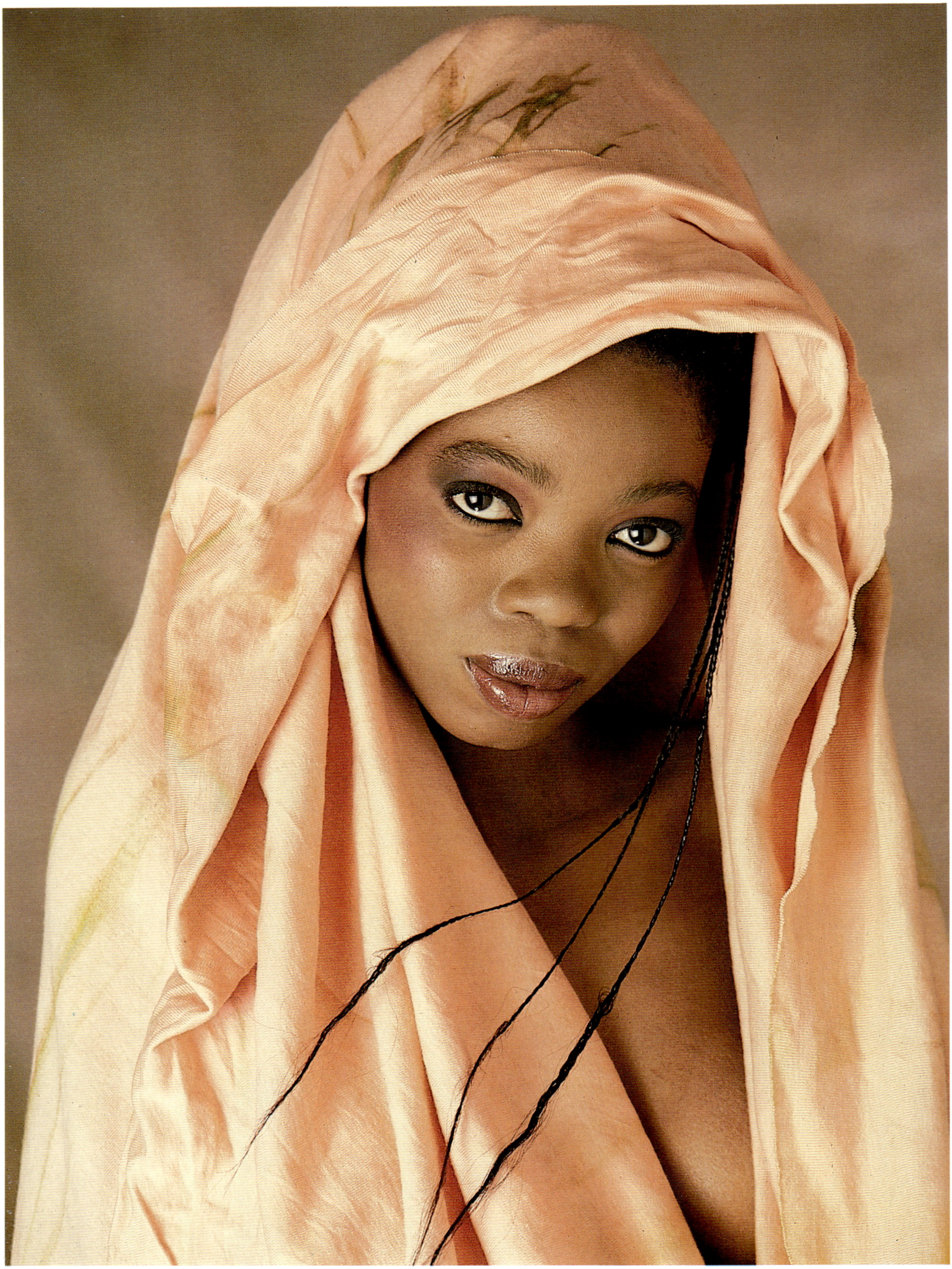

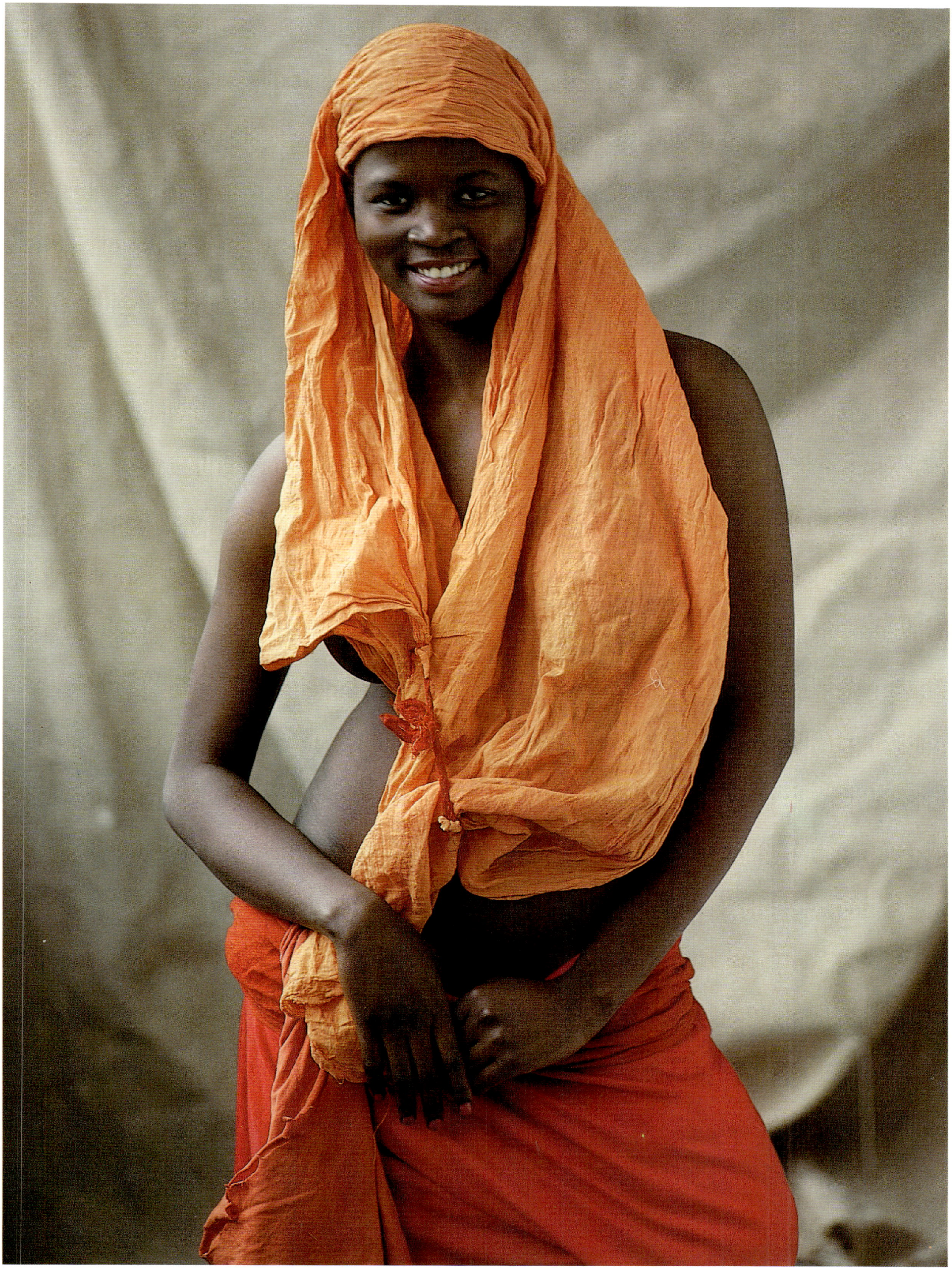

80

81

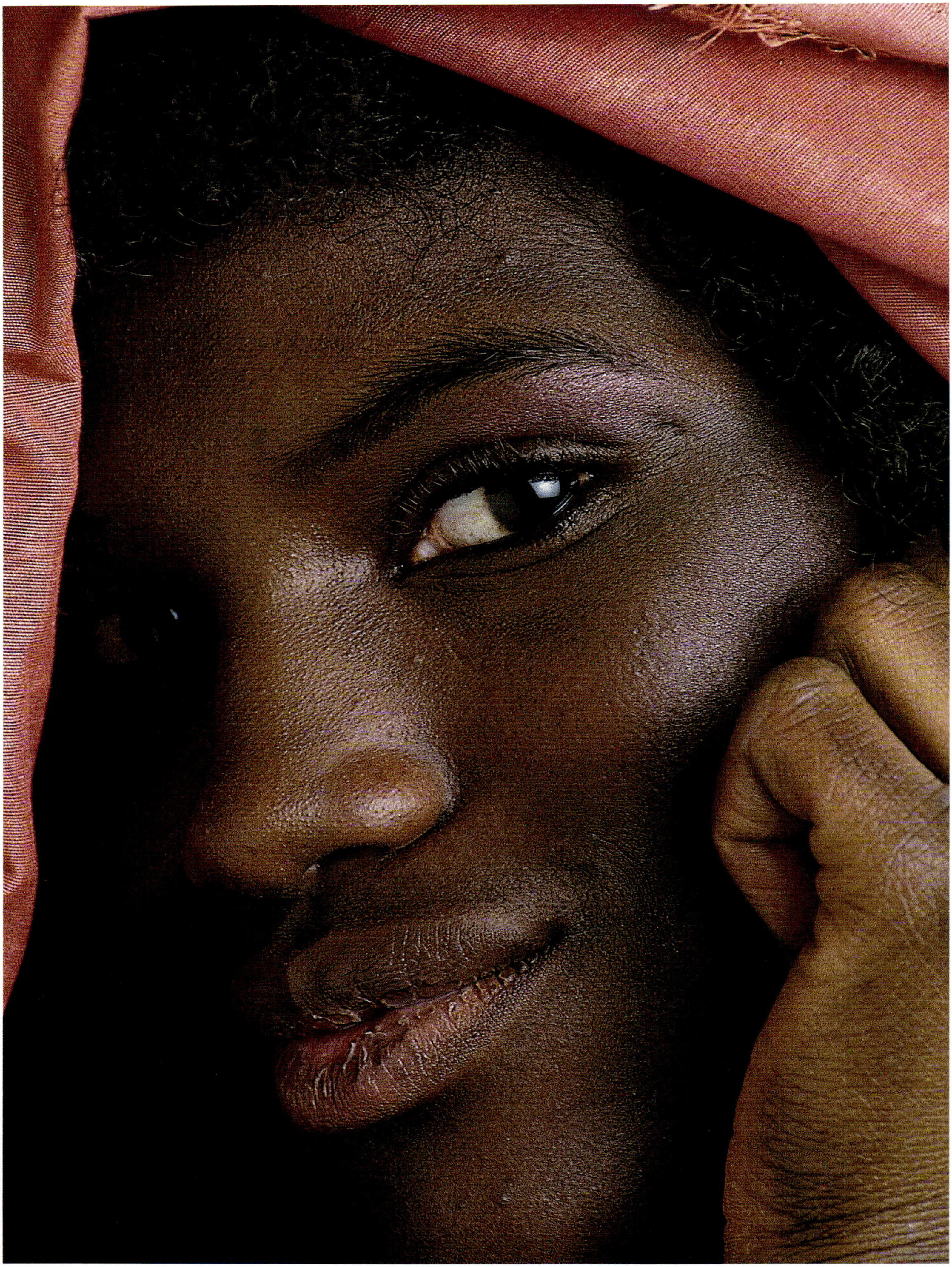

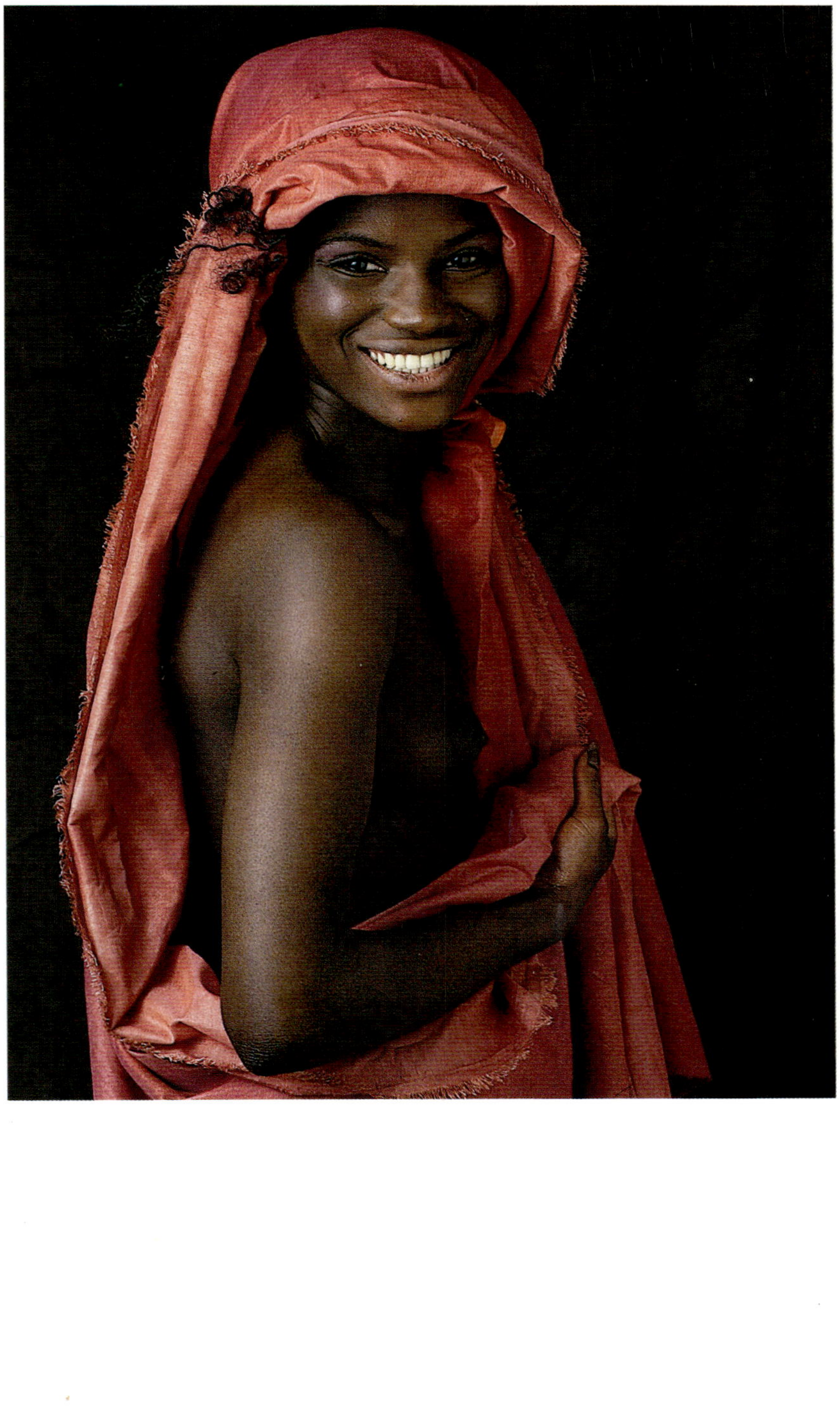

84

85

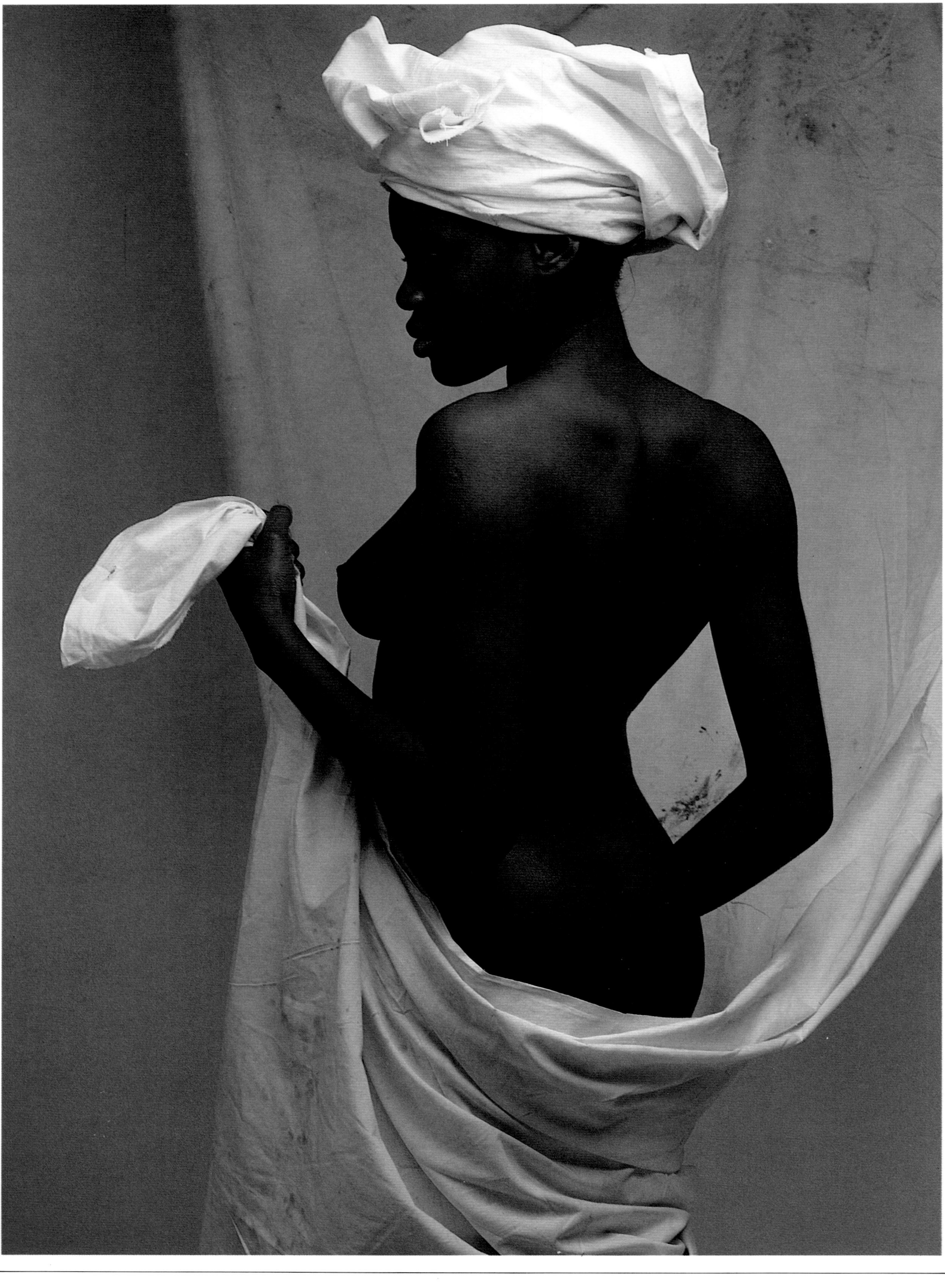

87

88

89

90

91

*Frau, leg deine Balsamhände auf meine Stirn,
deine Hände die sanfter sind als Pelzwerk.
Über uns wiegen die Palmen sich die kaum noch
rauschen im hohen Nachtwind.
Nicht einmal das Lied der Amme. Es möge uns
wiegen, das rhythmische Schweigen.
Lauschen wir seinem Gesang, lauschen wir
dem Gepoch unsres dunklen Blutes.
Lauschen wir dem dumpfpochenden Pulsschlag
Afrikas im Nebel verlorener Dörfer.
Und jetzt steigt müde der Mond herab in sein
glattes Meerbett,
jetzt schläft auch das Gelächter ein,
selbst die Erzähler wackeln mit ihren Köpfen
wie auf dem Rücken der Mutter das Kind.
Jetzt werden die Füße der Tänzer schwer
und schwer die Sprache der Wechselgesänge.
Es ist die Stunde der Sterne, die Stunde der
Nacht die träumt
und auf den Wolkenhügel sich stützt in ihrem
langen Lendentuch hell wie Milch.
Zärtlich leuchten die Dächer der Hütten.
Was sagen sie so vertraulich den Sternen?
Drinnen erlischt der Herd*

in beißenden süßen Düften.
Frau, entzünde die Lampe von klarer Butter
auf daß rings die Ahnen plaudern
wie Eltern wenn die Kinder im Bett sind.
Lauschen wir den Stimmen der Alten Elissas.
Sie haben, wie wir in Verbannung,
nicht sterben wollen
auf daß ihr Samenstrom sich nicht
im Sand verlöre.
Lauschen will ich in der rauchigen Hütte
welche der Widerschein gnädiger Seelen besucht.
Den Kopf auf deiner Brust die glüht
wie ein Kuskuskloß der dampfend
vom Feuer kommt
will ich den Duft unsrer Toten atmen, daß ich
ihre Lebensstimme empfange
und weitertrage und lerne
zu leben, ehe ich tiefer als jeder Taucher
im Abgrund des Schlafs versinke.

94

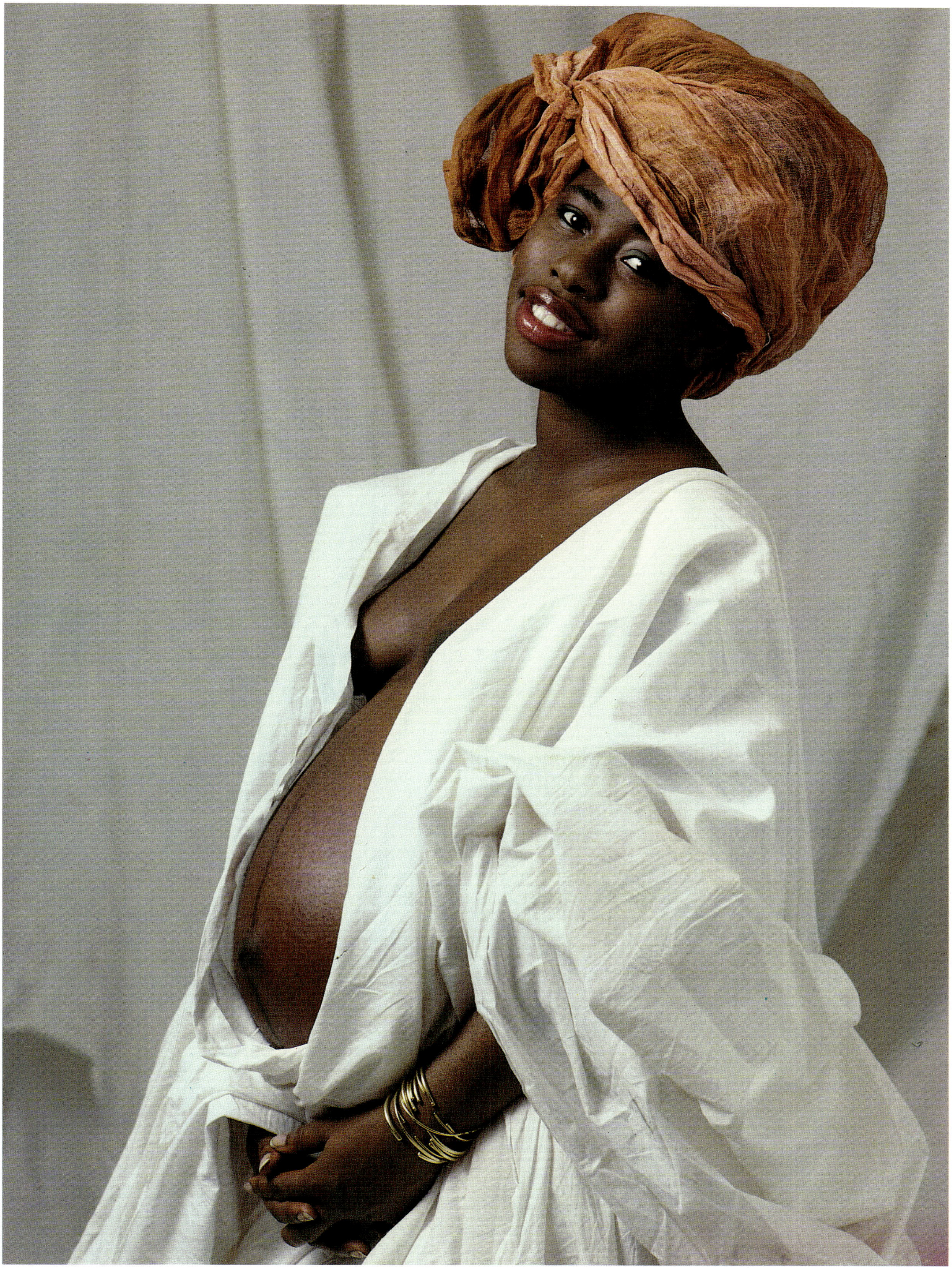

96

97

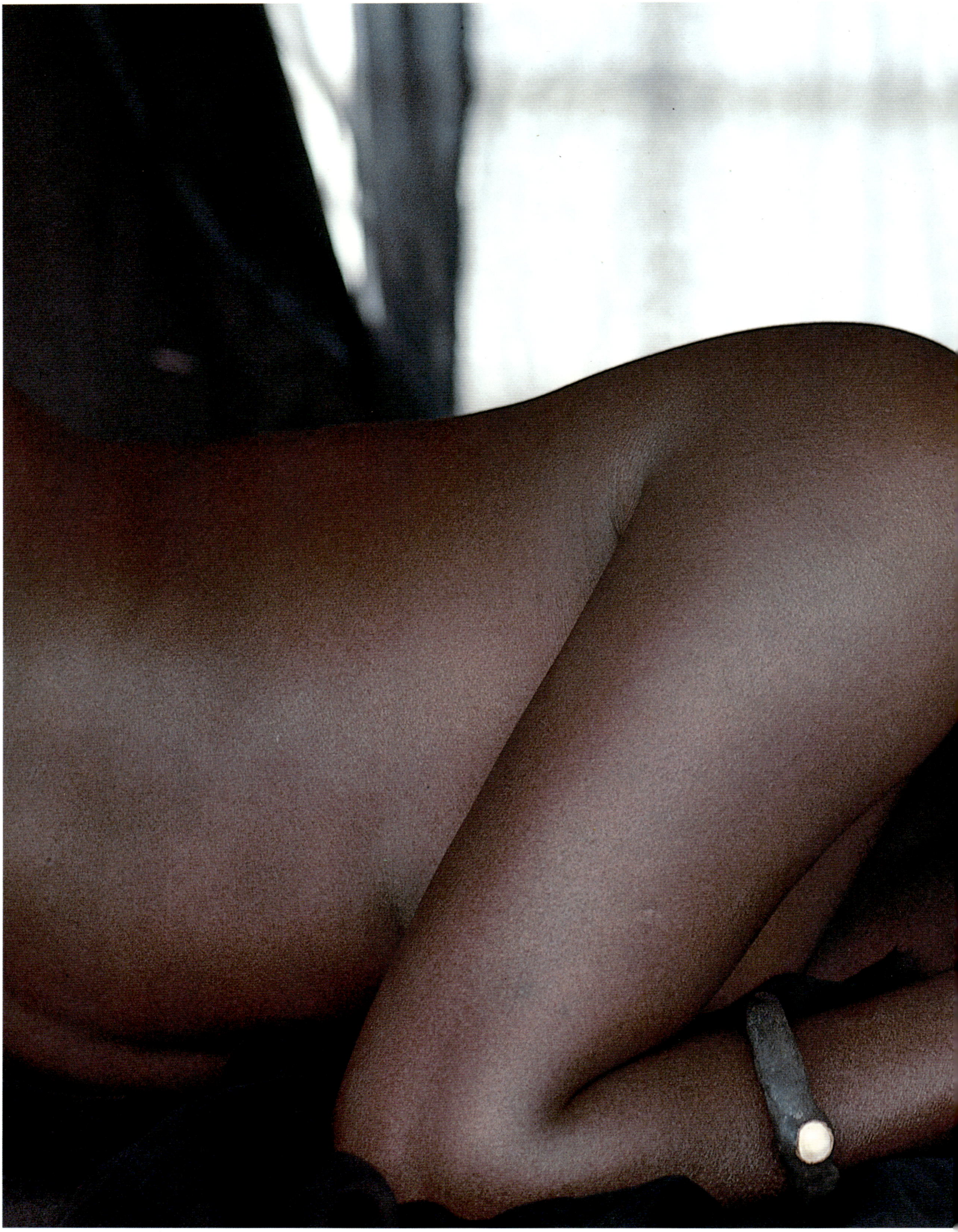

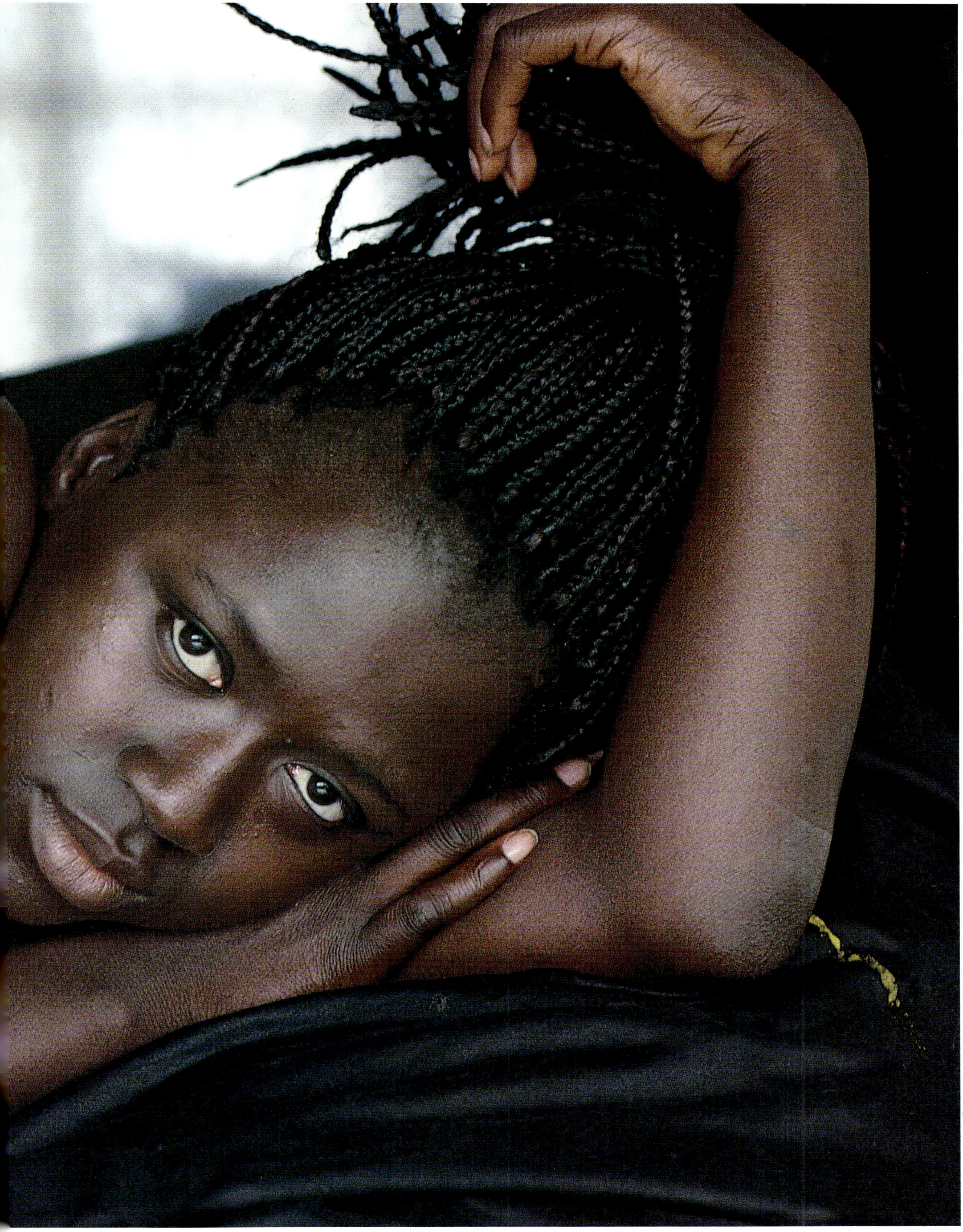

100

101

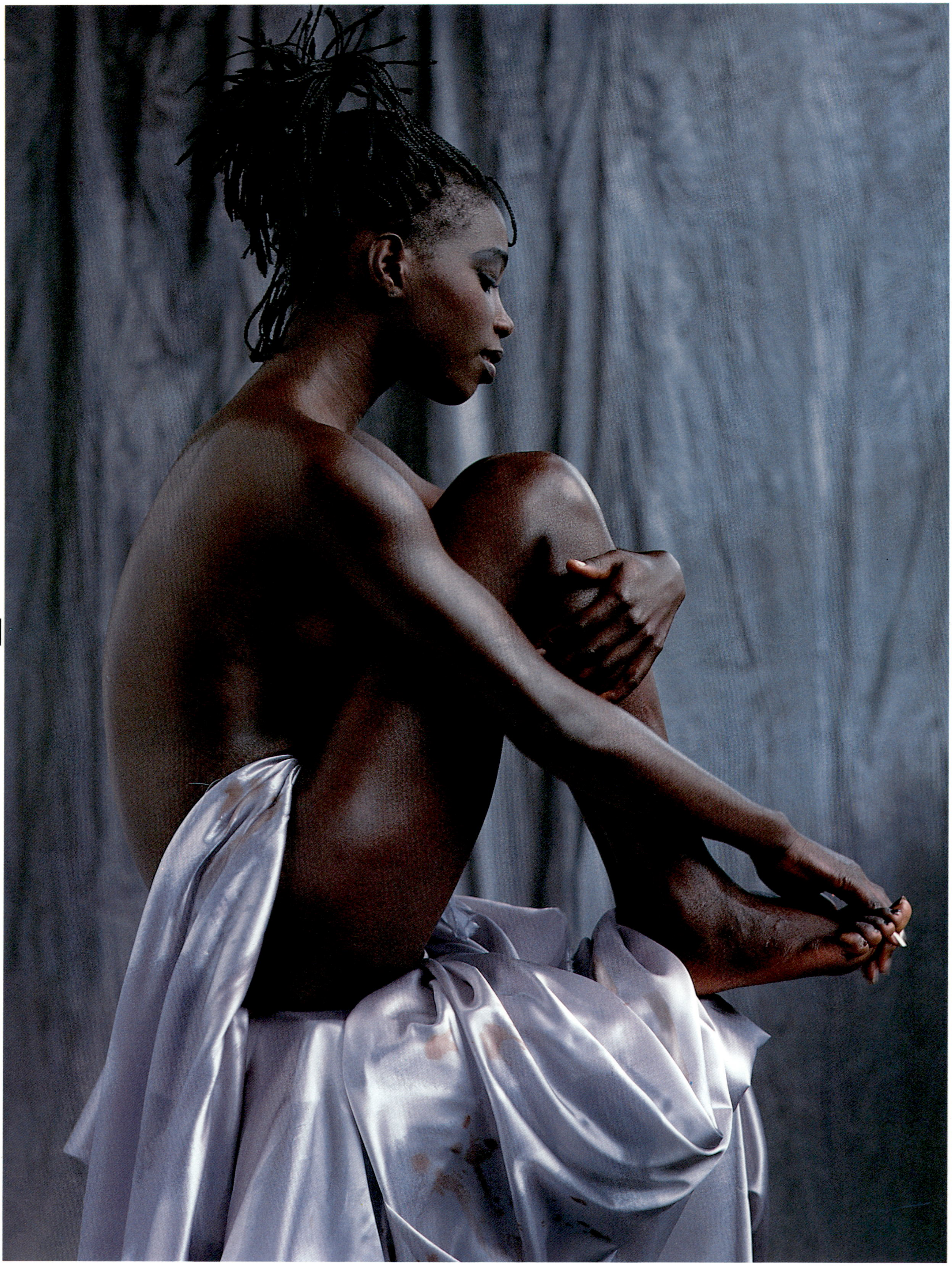

102

103

104

105

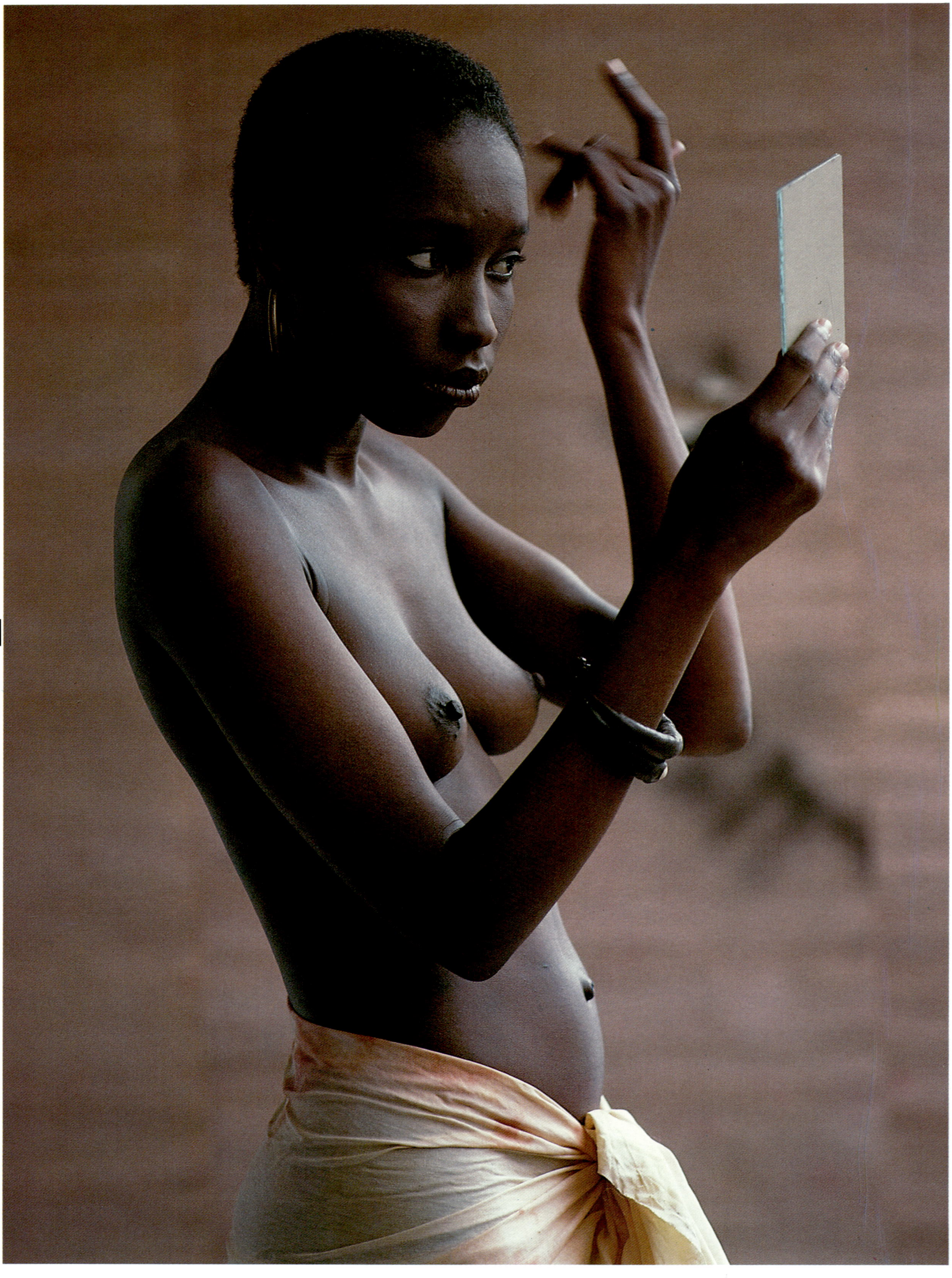

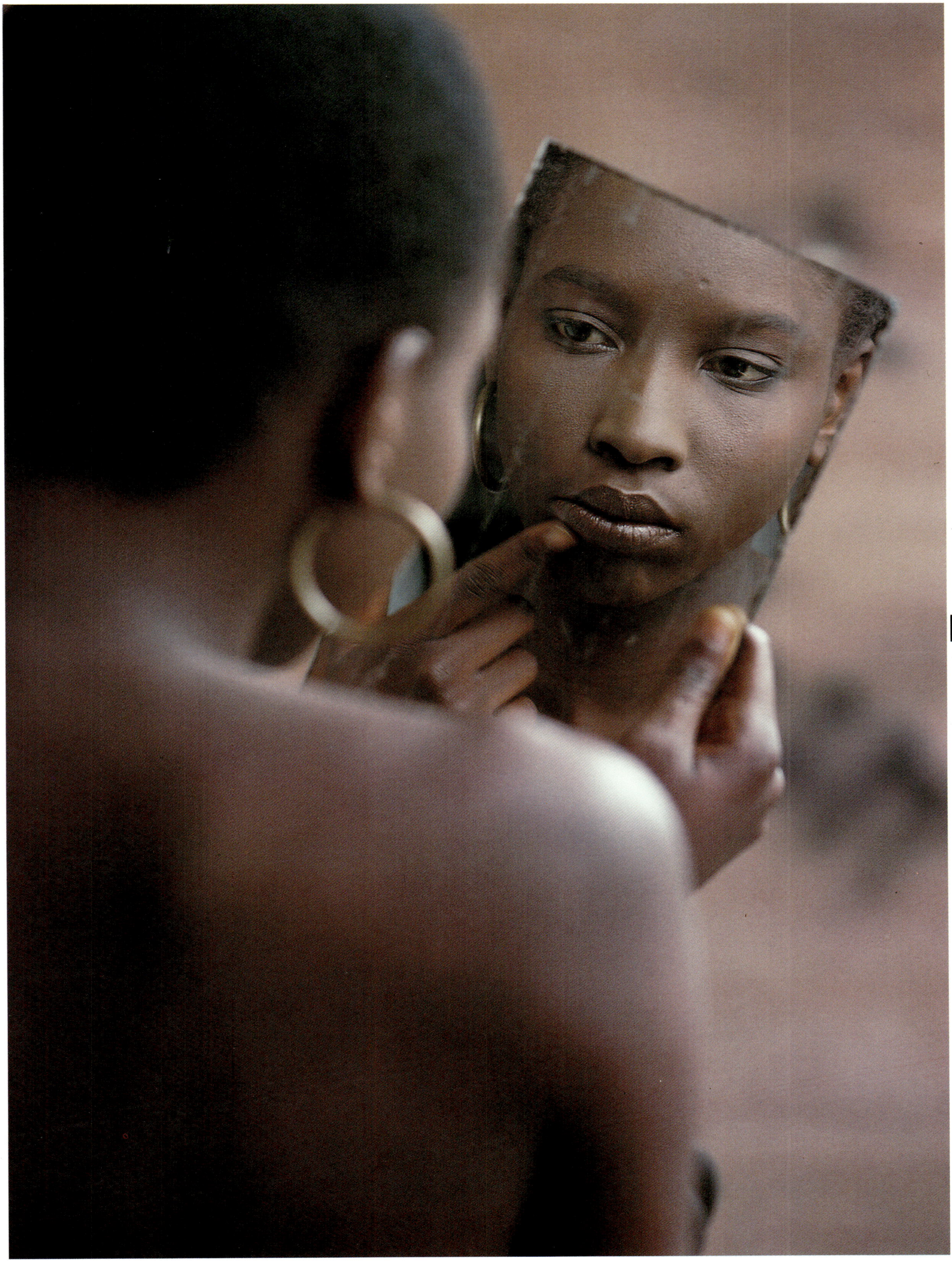

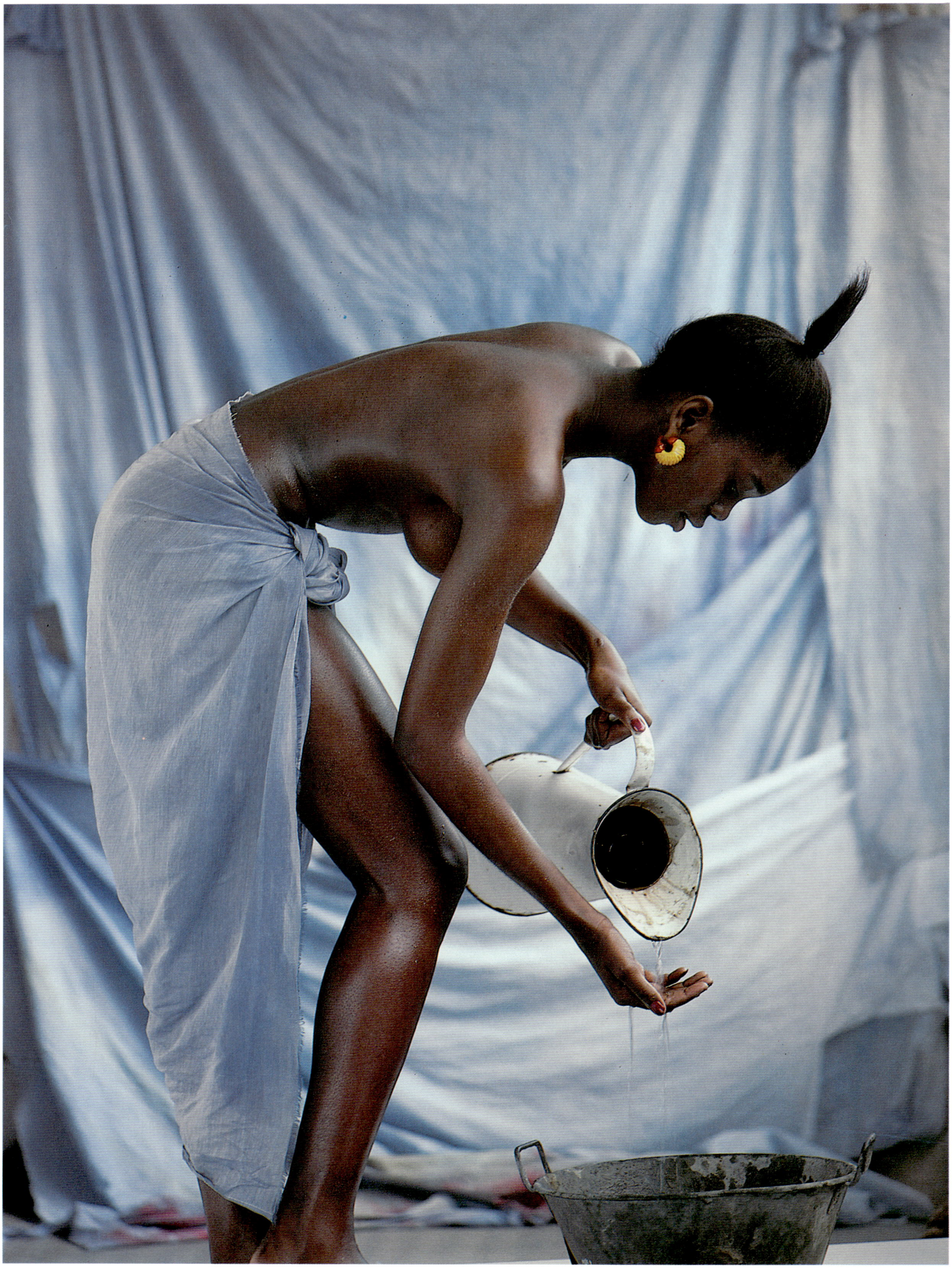

109

110

111

112

113

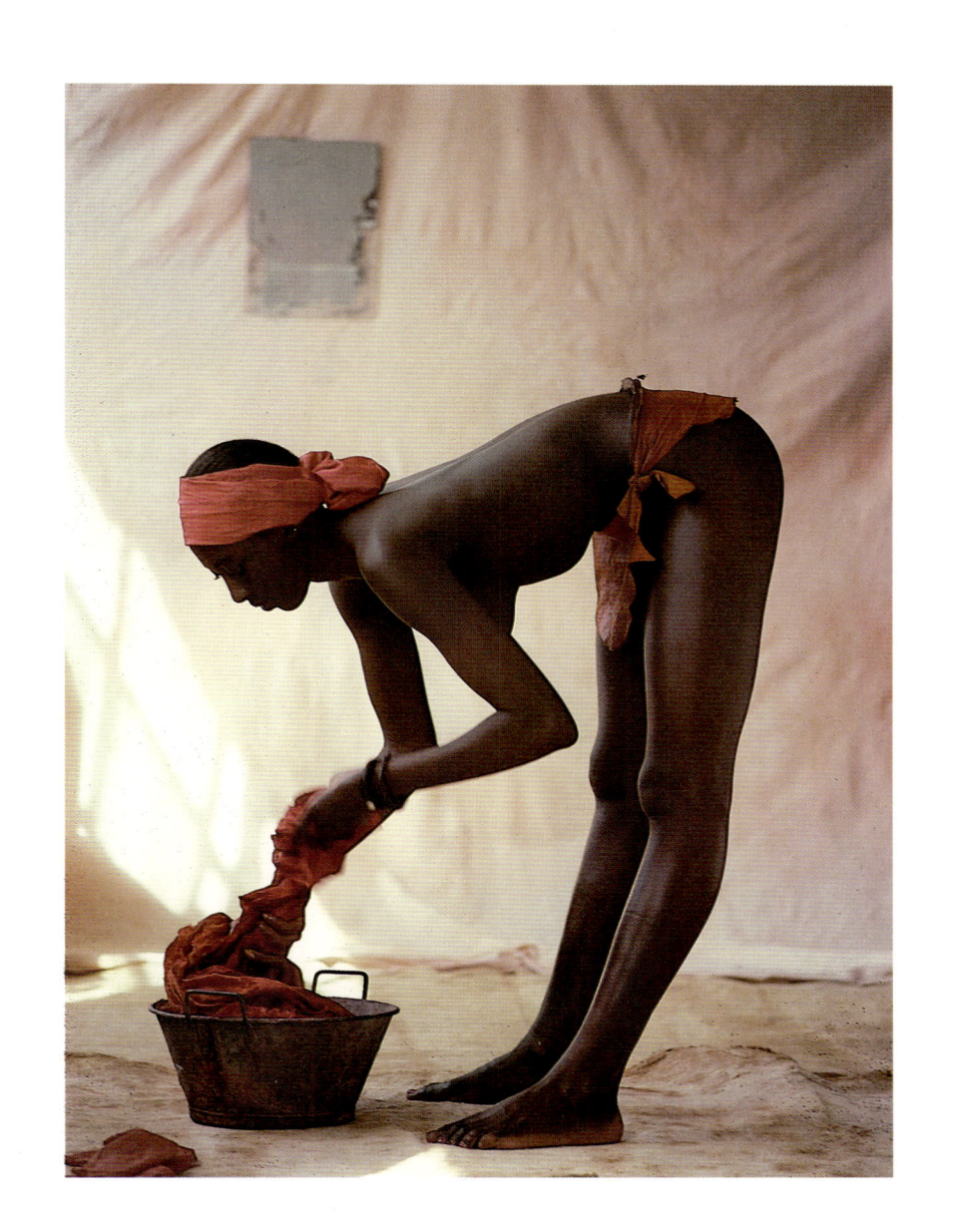

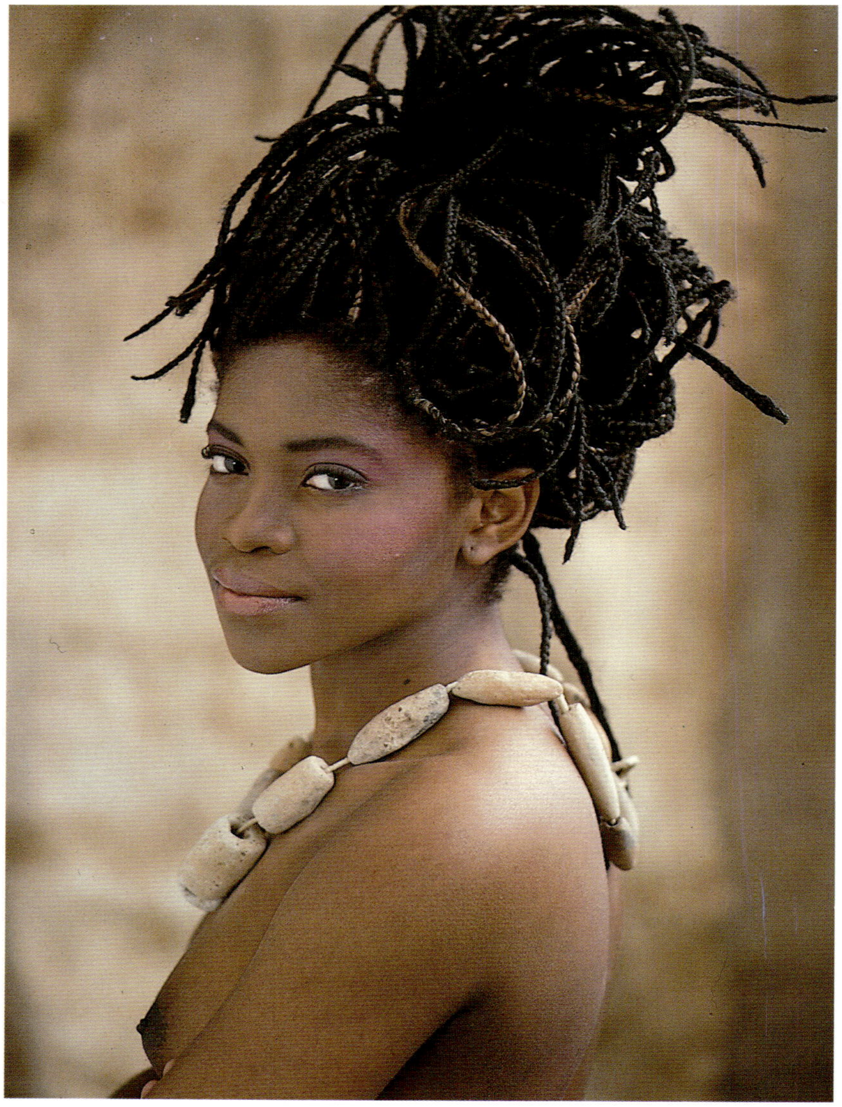

115

116

117

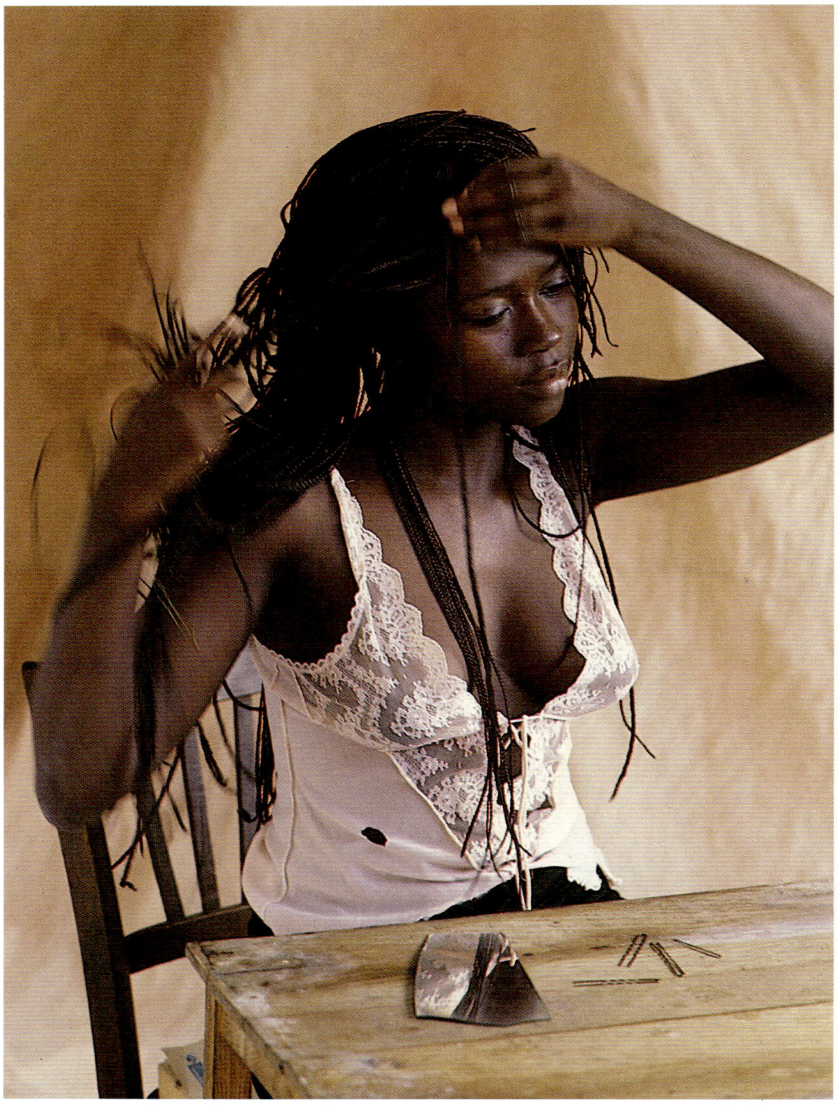

118

119

*S*ie hat mich „Herr" genannt!
Wählen! Und köstlich hin- und hergezerrt
von diesen zwei Freundinnenhänden
 — Ein Küßchen von dir, Sukeina! — diesen
entgegengesetzten Welten,
Als schmerzlich — ach, ich weiß nicht mehr,
welche mir Schwester
und welche mir Milchschwester ist
von den beiden, die meine Nächte
durchschaukelten
mit erträumten Zärtlichkeiten,
ihren verschlungenen Händen —
Als schmerzlich — ein Küßchen von dir,
Isabella! — ich zwischen den Händen war
die ich so gerne wieder
in meiner heißen Hand vereinigt hätte.
Doch wenn man schon wählen muß
zur Stunde der Prüfung:
Ich habe den Langvers der Ströme gewählt,
der Winde, der Wälder,
Den Zusammenklang der Ebnen und Flüsse,
den Blutrhythmus gewählt meines
entblößten Körpers, das Schwingen gewählt
der Balafongs und den Akkord von Saiten und

*Blechinstrumenten der falsch scheint, ich habe
den Swing gewählt, den Swing, ja den Swing!
Und die ferne gestopfte Trompete, die Klage
eines Sternnebels der durch die Nacht treibt.
Wie der Ruf des Jüngsten Gerichtes
hallt die Trompete über
das schneeige Beinhaus Europas.
Mein schwarzes sich plagendes Volk
habe ich gewählt,
mein Bauernvolk, all die Bauernvölker der Welt.
„Und deiner Mutter Kinder zürnten mit dir
und hießen dich die Erde umgraben."
Um deine Trompete zu sein!*

122

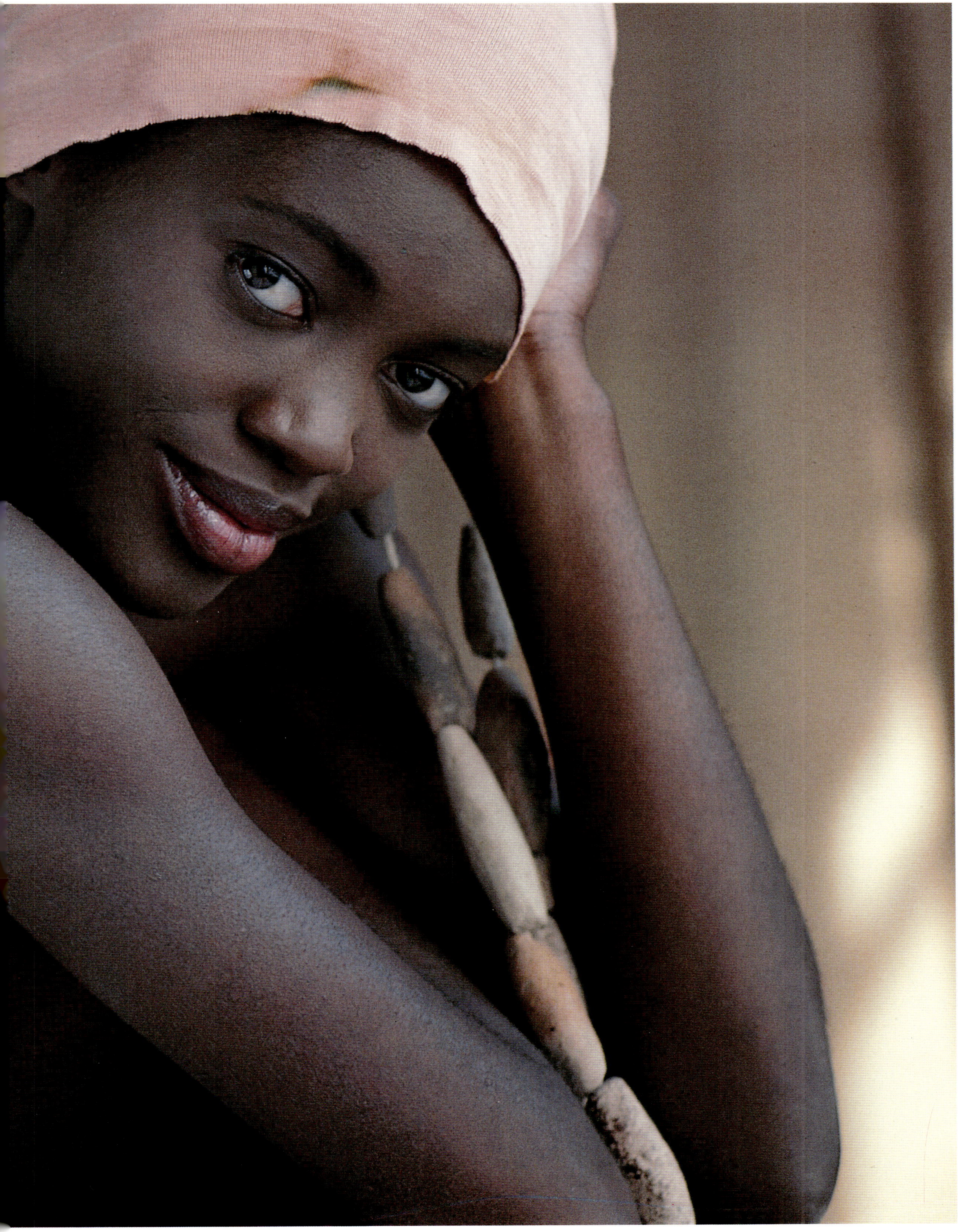

124

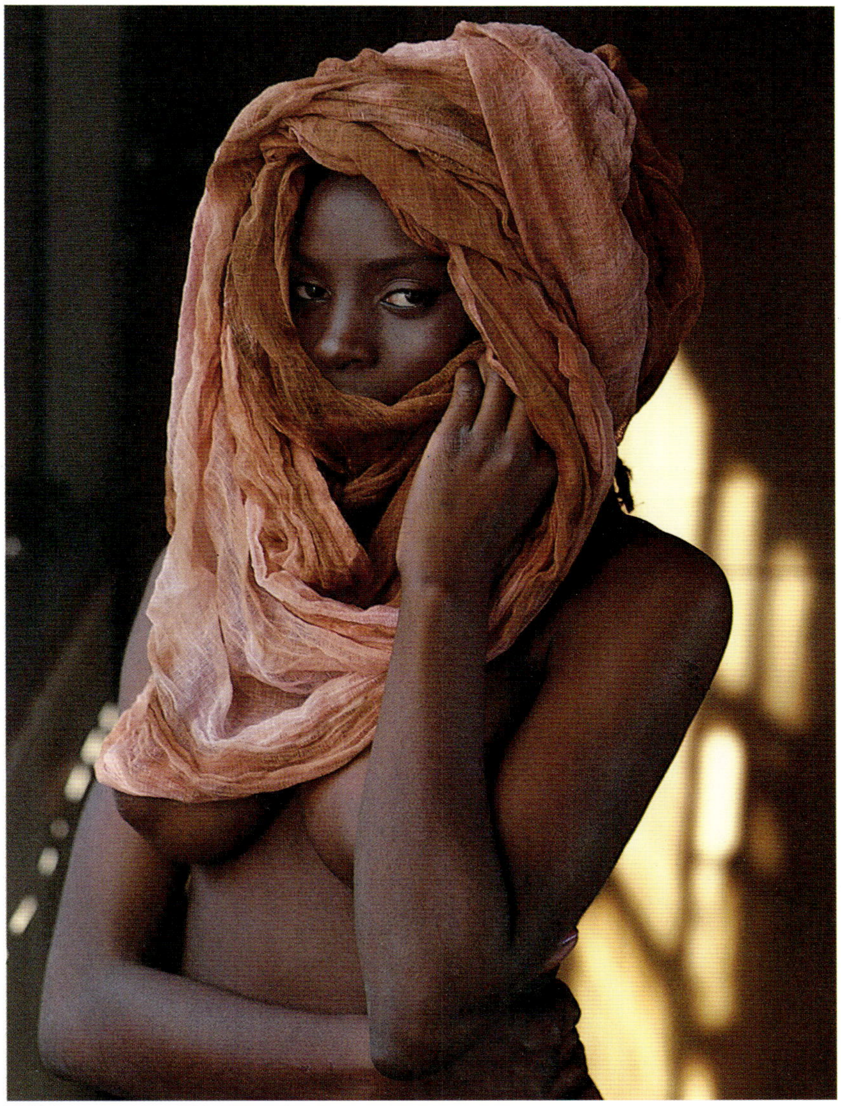

126

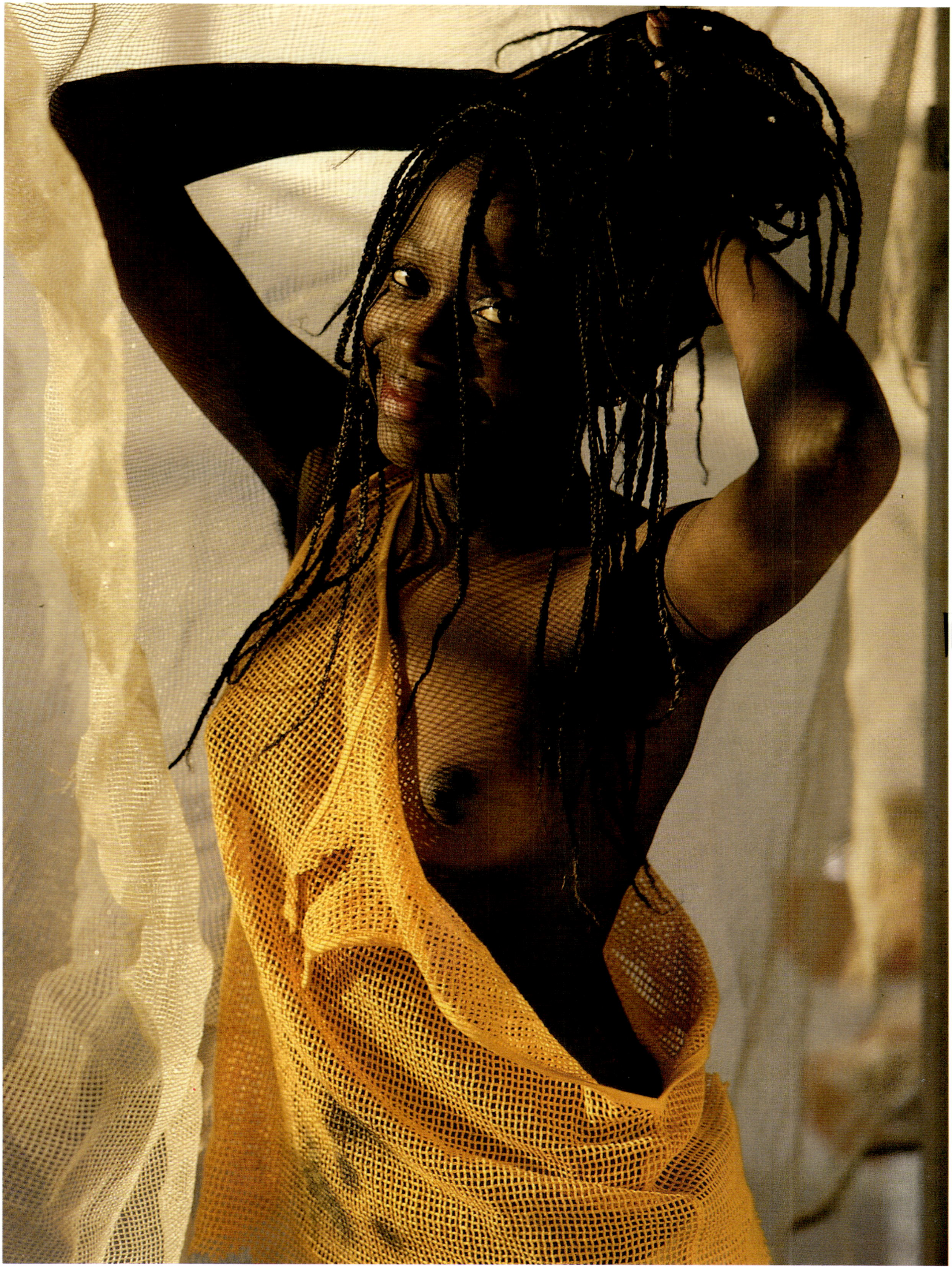

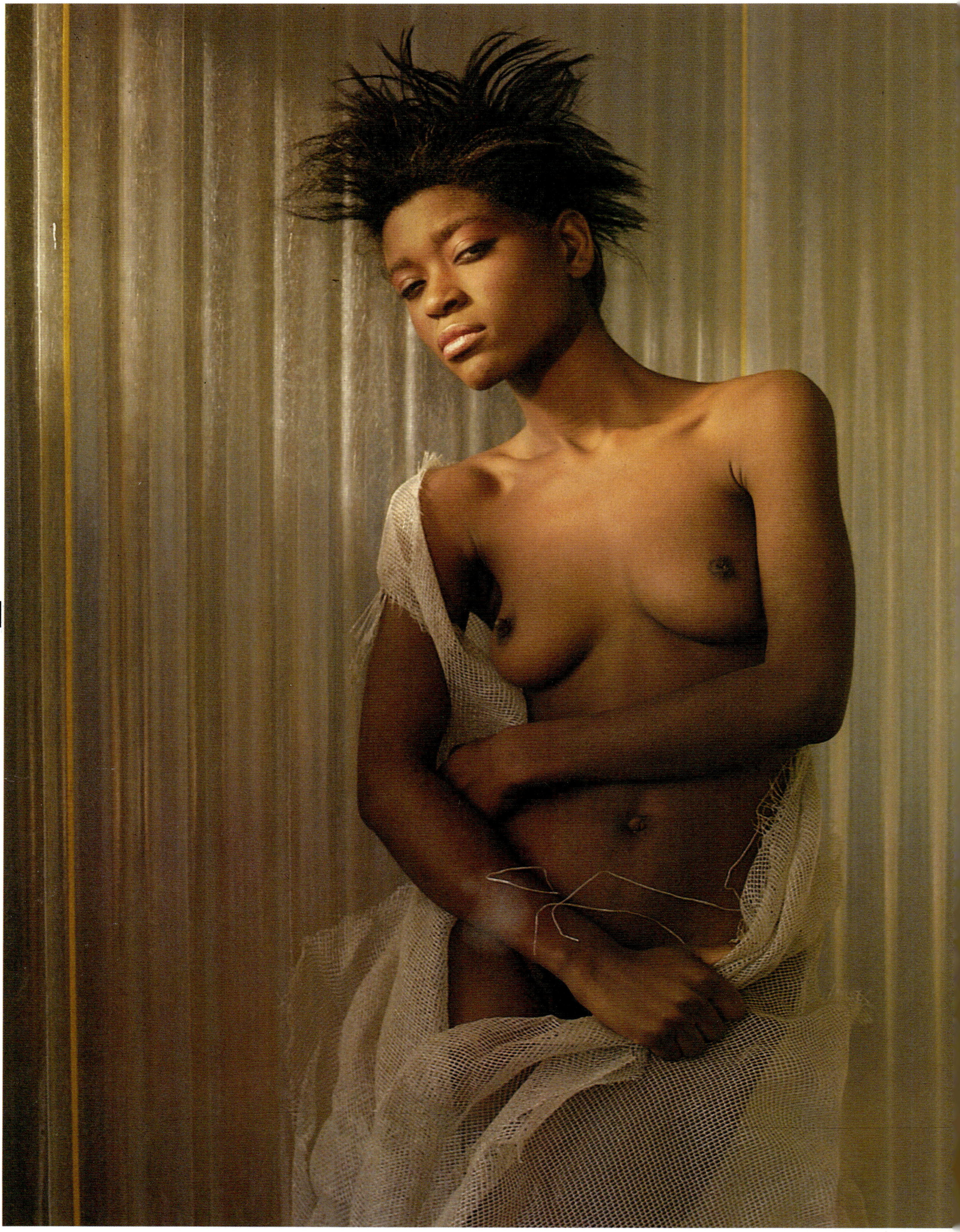

129

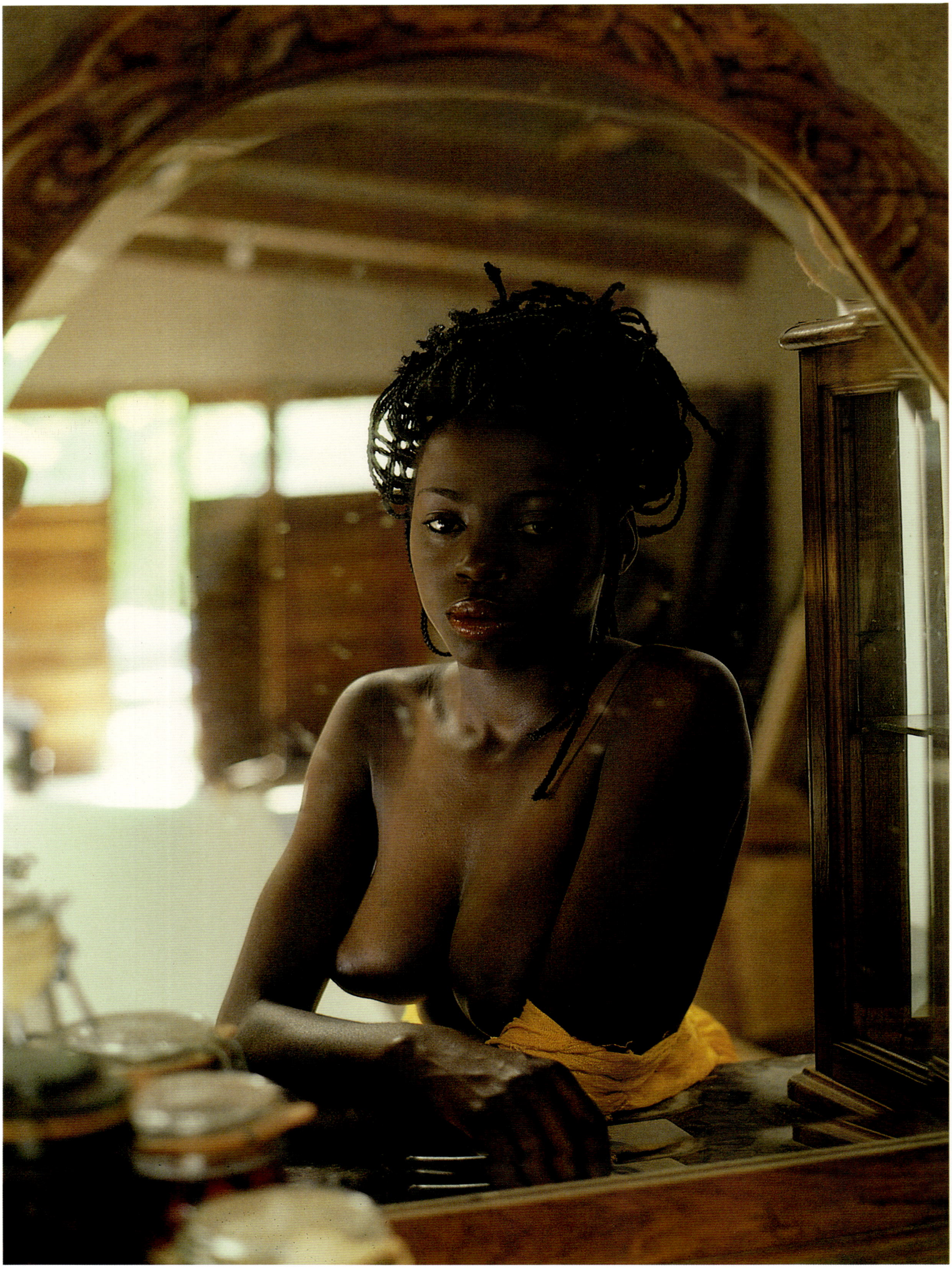

131

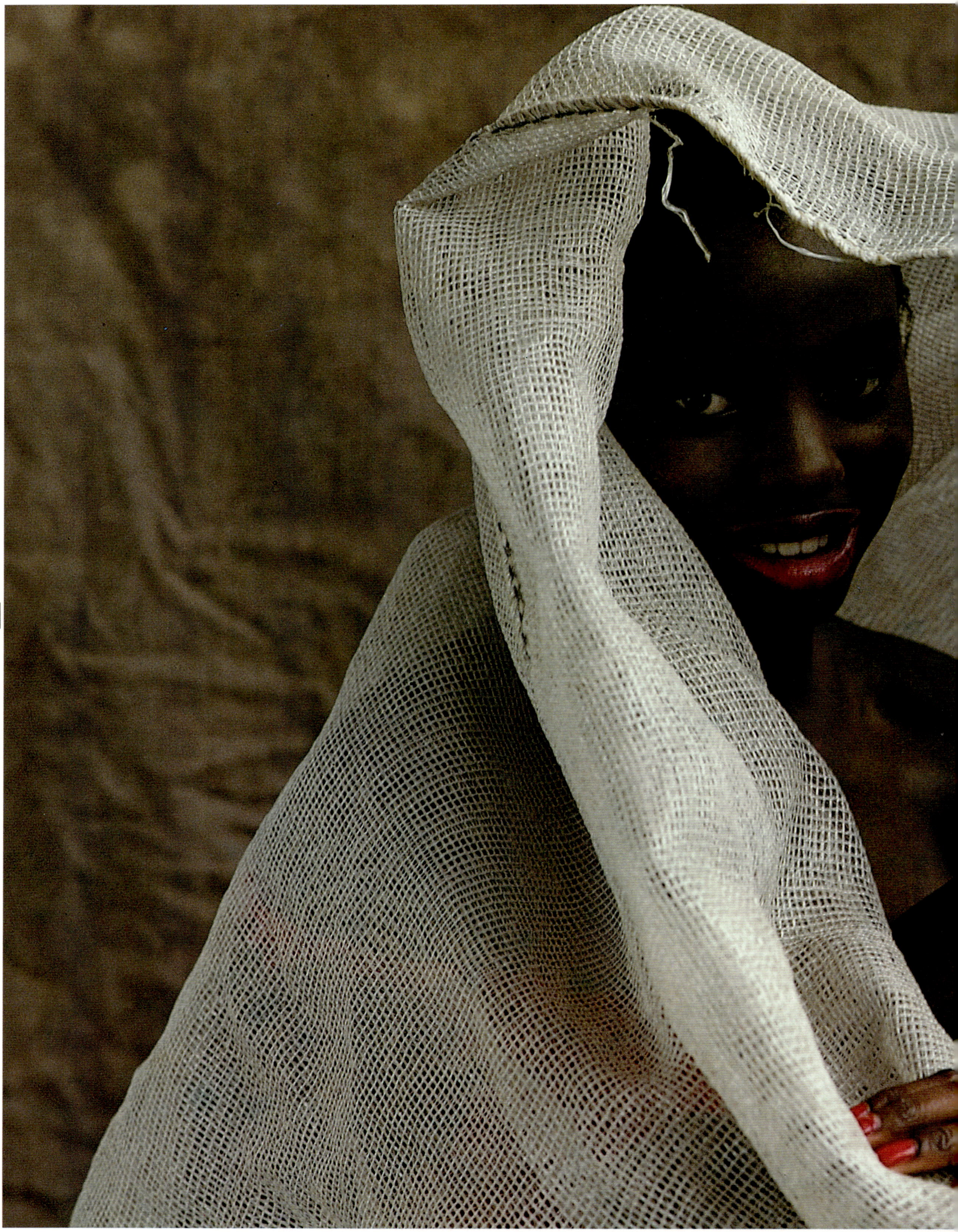

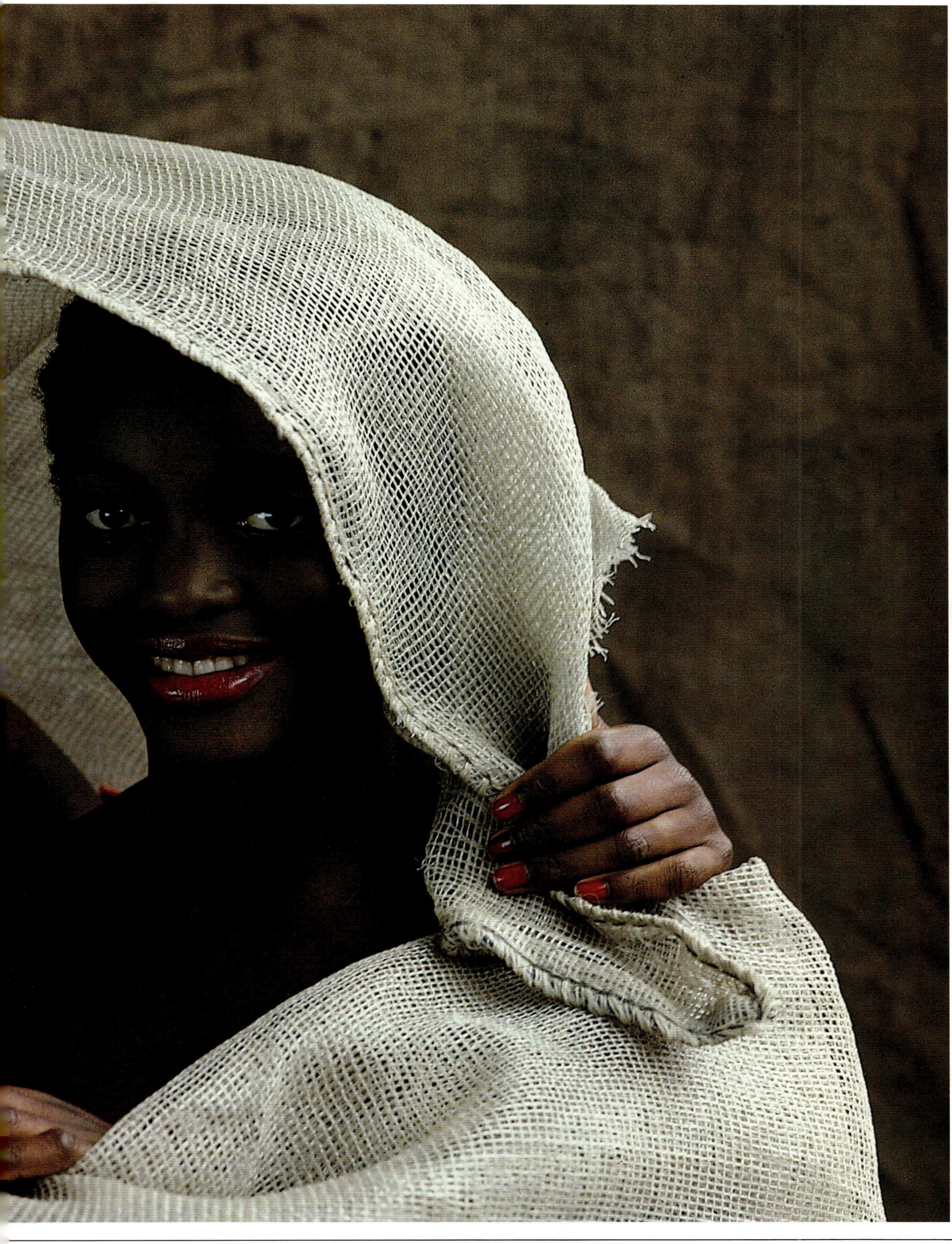

Siehe, meine Freundin, du bist schön! Siehe, schön bist du! Deine Augen sind wie Taubenaugen hinter deinem Schleier. Dein Haar ist wie eine Herde Ziegen, die herabsteigen vom Gebirge Gilead.
Deine Zähne sind wie eine Herde geschorener Schafe, die aus der Schwemme kommen; alle haben sie Zwillinge, und keines unter ihnen ist unfruchtbar.
Deine Lippen sind wie eine scharlachfarbene Schnur, und dein Mund ist lieblich. Deine Schläfen sind hinter deinem Schleier wie eine Scheibe vom Granatapfel.
Dein Hals ist wie der Turm Davids, mit Brustwehr gebaut, an der tausend Schilde hangen, lauter Schilde der Starken.
Deine beiden Brüste sind wie junge Zwillinge von Gazellen, die unter den Lilien weiden.

Du hast mir das Herz genommen, meine Schwester, liebe Braut, du hast mir das Herz genommen mit einem einzigen Blick deiner Augen, mit einer einzigen Kette an deinem Hals.
Wie schön ist deine Liebe, meine Schwester, liebe

Braut! Deine Liebe ist lieblicher als Wein, und der Geruch deiner Salben übertrifft alle Gewürze.

Von deinen Lippen, meine Braut, träufelt Honigseim. Honig und Milch sind unter deiner Zunge, und der Duft deiner Kleider ist wie der Duft des Libanon.

Wie schön ist dein Gang in den Schuhen, du Fürstentochter! Die Rundung deiner Hüfte ist wie ein Halsgeschmeide, das des Meisters Hand gemacht hat.
Dein Schoß ist wie ein runder Becher, dem nimmer Getränk mangelt. Dein Leib ist wie ein Weizenhaufen, umsteckt mit Lilien.
Deine beiden Brüste sind wie junge Zwillinge von Gazellen.
Dein Hals ist wie ein Turm von Elfenbein. Deine Augen sind wie die Teiche von Hesbon am Tor Bathrabbim. Deine Nase ist wie der Turm auf dem Libanon, der nach Damaskus sieht.

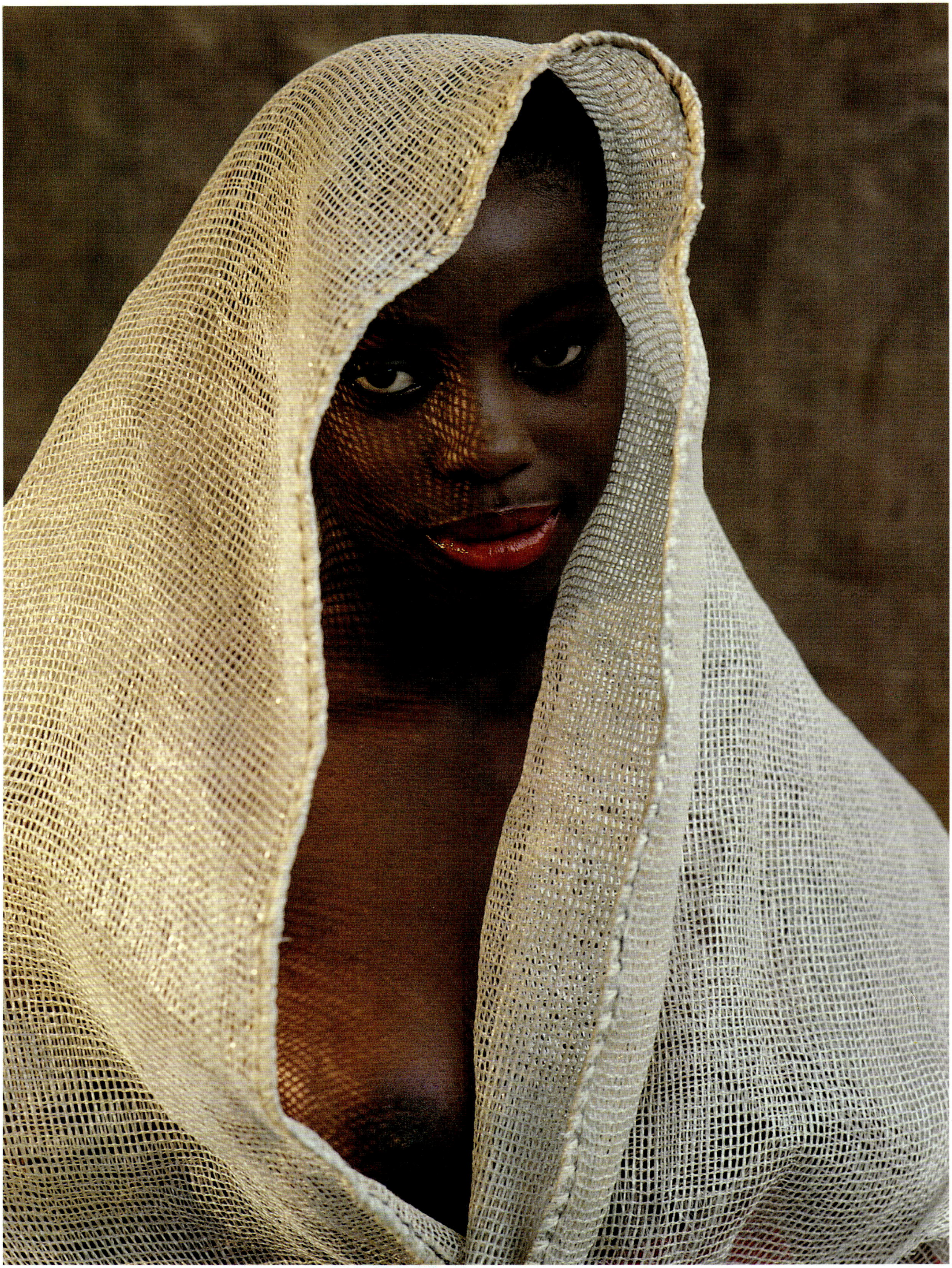

137

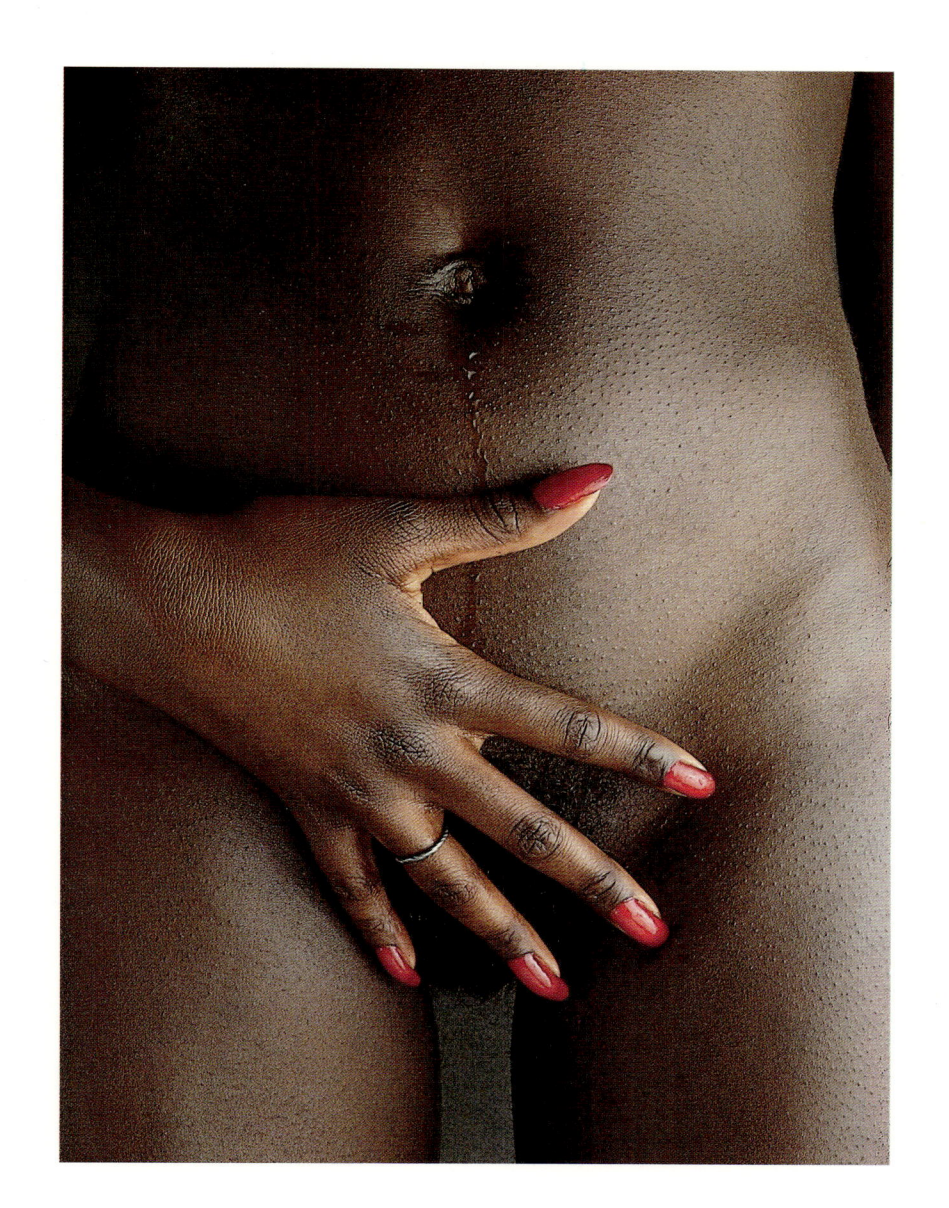

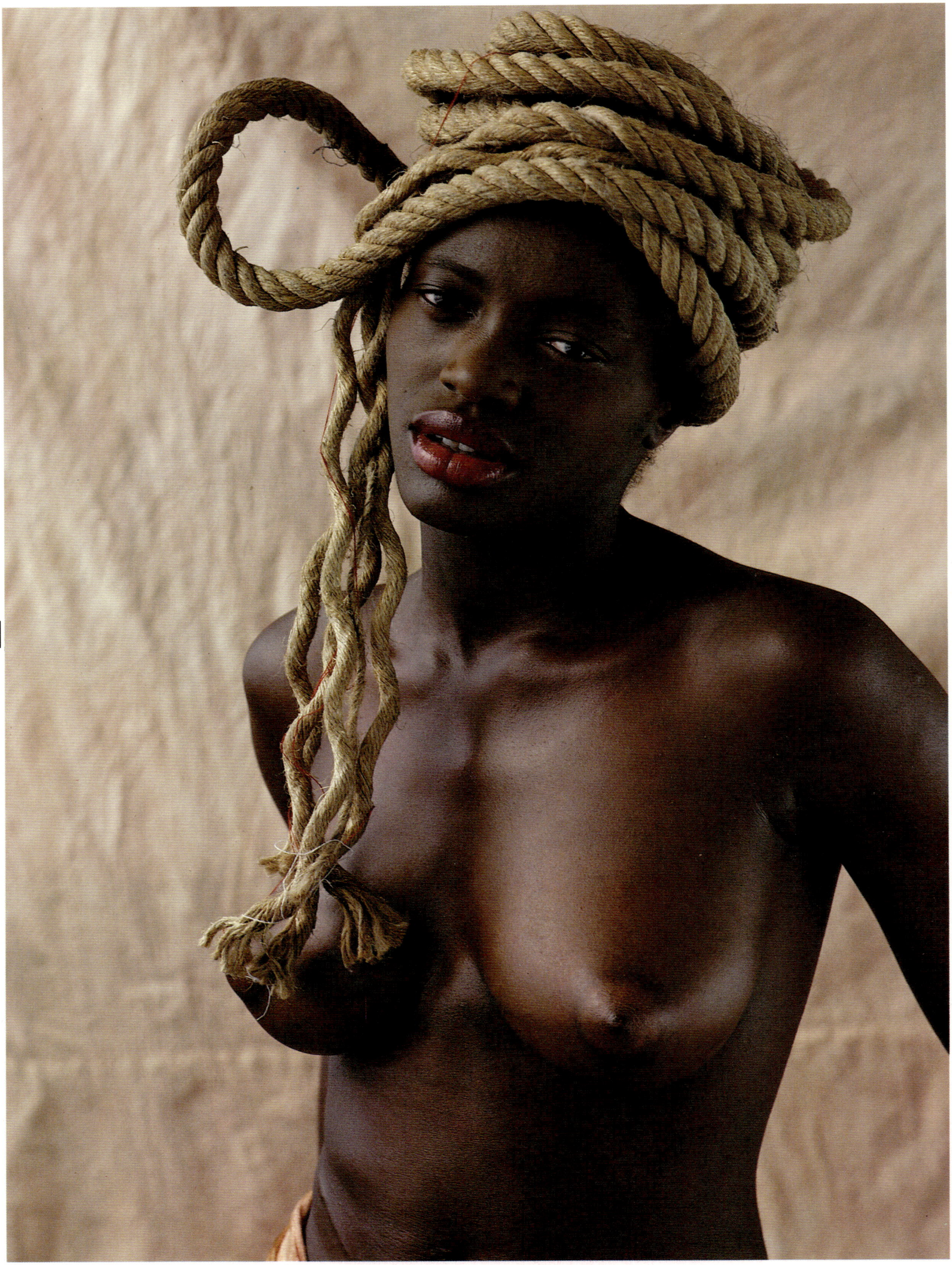

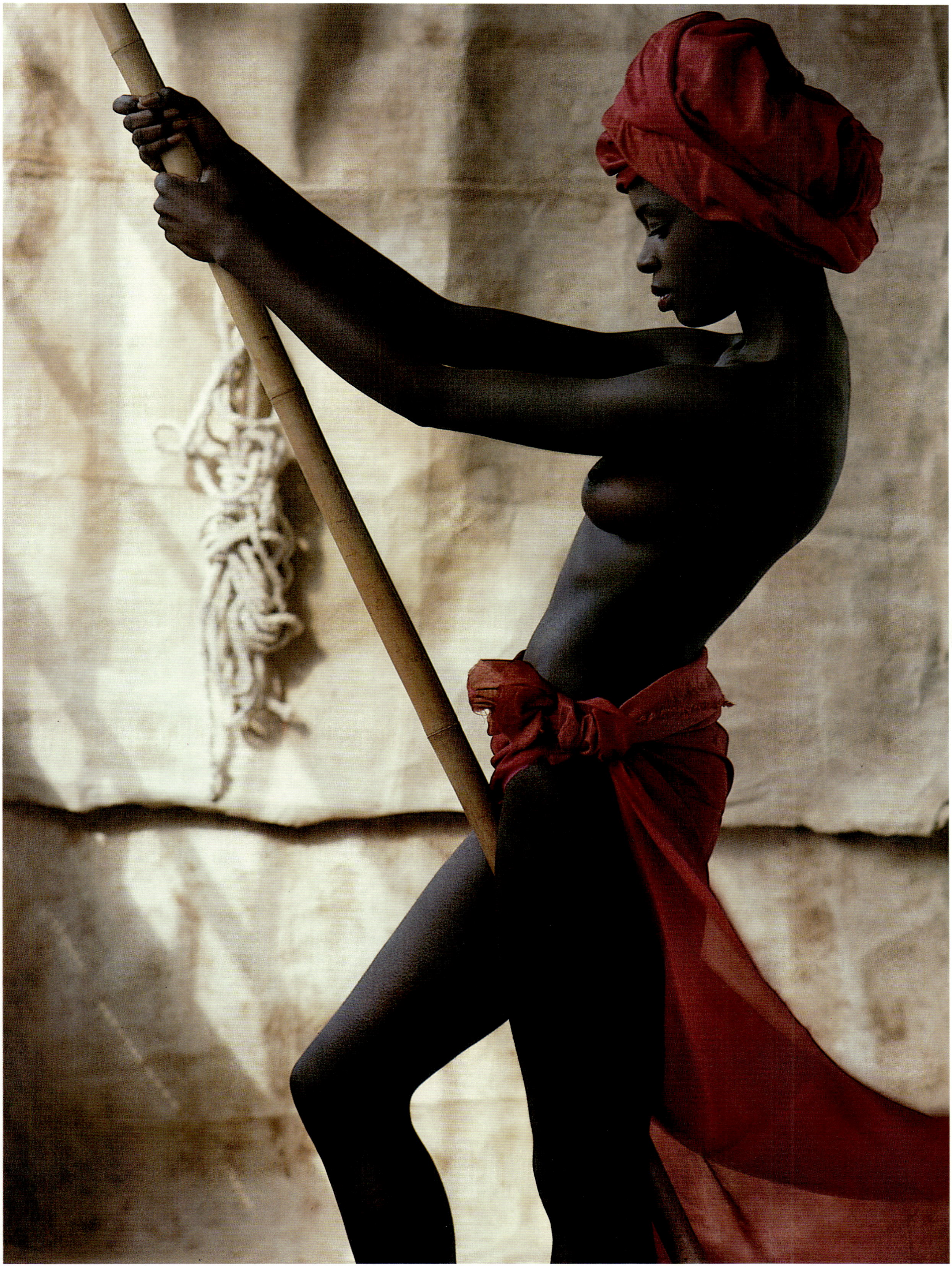

140

141

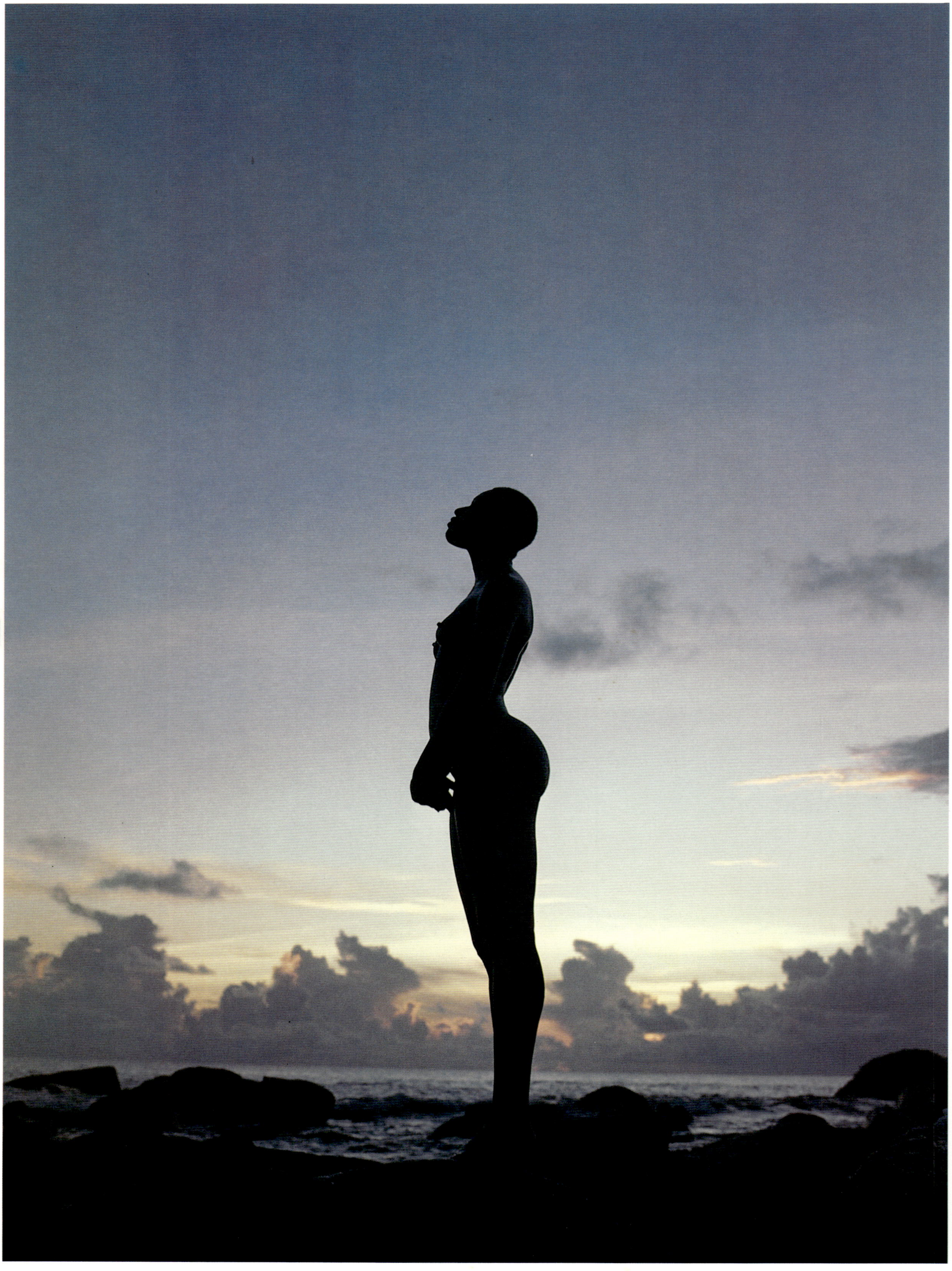

Verzeichnis der Gedichte

Das Hohelied Salomos (Auszüge)	14 und 134
Gedichte von Léopold Sédar Senghor	22 bis 120
Schwarze Frau / Schattengesänge	22
Du hieltest lange (für Khalam) / Gesänge für Signare	32
Ndesse oder "Blues" / Schattengesänge	39
Wie Abendtau (für Kora) / Episteln für die Fürstin	55
Frühlingsgesang / Lager 1940	69
Nacht von Sin / Schattengesänge	92
Mögen Koras und Balafong mich begleiten / Schattengesänge	120

Auszüge aus Léopold Sédar Senghor / Botschaft und Anruf - Sämtliche Gedichte Carl Hanser Verlag / München (Herausgegeben und übertragen von Janheinz Jahn).

117 80